本書係「敦煌文獻系統性保護整理出版工程」項目成果

二〇二一—二〇三五年國家古籍工作規劃重點出版項目

「十四五」國家重點出版物出版規劃項目

國家古籍整理出版專項經費資助項目

中國國家圖書館藏敦煌文獻

中國國家圖書館 編

第二九册

BD00401 ~ BD00412

國家圖書館出版社

DUNHUANG MANUSCRIPTS IN THE NATIONAL LIBRARY OF CHINA

029

BD00401 ~ BD00412

compiled by the

National Library of China

National Library of China Publishing House

顧問　方廣錩　郝春文　榮新江　李際寧

編纂出版　張志清　魏　崇　陳紅彦　殷夢霞　薩仁高娃
謝冬榮　劉　波　林世田　廖生訓

編纂　林世田　薩仁高娃　常藎心　于　瑞　劉毅超
劉　波　劉炳梅　周升川　劉　婷　程佳羽
沈艷麗　高　雅

編輯　潘　竹　程魯潔　黄　鑫　苗文葉

審稿　孫　彦　耿素麗　宋志英　鄧咏秋

凡例

一　本書刊布中國國家圖書館藏敦煌文獻，以館藏編號爲序編排。

二　館藏編號采用「BD+流水號」格式，如BD00001, BD16579等。背面在編號後加v表示。一個編號包含多件文獻者，編號後分别綴以字母A, B, C等。一件文獻含有多個内容者，以數字-1, -2, -3等標明順序。

三　圖版有縮印或放大處另加説明，尺寸超出本書幅面的以摺葉形式呈現。

四　卷軸裝、梵夾裝、經摺裝等裝幀形制的敦煌文獻，各附外觀圖像。

五　每件文獻依次呈現外觀、正面、背面等。背面僅刊布有文字、圖像或其他要素的圖版，而略去素紙部分，背面圖版同樣以從右到左順序編排。凡有外題者，遵從以上原則。

六　除個别特殊情況外，爲保證閲讀連貫、流暢，圖版儘量通欄呈現。

七　各葉上方附該件文獻全圖，以高亮形式顯示本葉大圖在全卷中的位置。部分長卷文獻全圖衹能分多段呈現時，在上段末以‹符標示下段接續。卷尾内容不足一葉時，文獻全圖使用該圖卷尾部分，亦以‹符標示。背面圖版文字與正面文字方向相反時，文獻全圖按原貌顯示，正文翻轉呈現，以便閲讀研究，用↻符標示。

八　文獻題名大體沿用中國國家圖書館此前所編多部敦煌文獻目録的考證，部分吸收學界最新研究成果略作調整和完善。文獻題名綜合參考原卷首題、尾題、外題確定，如原卷題名與該文獻正式名稱不同，則采用正式名稱；無題名者，或比定題名，或擬定新名。非漢文文獻在題名前標注語種。有分卷不同等其他情況者，括注於文獻名稱後。

九　本書著録使用通行繁體字，涉及原文中的人名、地名等，必要時保留原字形。

About this publication

1. The documents are presented in shelfmark order.
2. The shelfmarks are in the form BD plus a running number, eg. BD00001, BD16579, &c. If a given shelfmark contains multiple documents, these are distinguished by the letters A, B, C, &c. If a document has multiple contents, they are distinguished by the numbering 1, 2, 3, &c. The verso side of an item is indicated by the letter v.
3. If it has been necessary to reduce or enlarge the size of an illustration, the dimensions are indicated. If the size of an illustration exceeds the size of the book, a folding sheet is used.
4. If the document is a scroll, a folded sutra, or has a stitched binding, a picture of the whole object is provided to show its external appearance.
5. The cover, front, and back of each document are reproduced in sequence. The back of a document is only reproduced if it contains text, illustrations, or other markings, and it is oriented from right to left. If it is blank it is not reproduced.
6. Except in a few special cases, the lines of text are reproduced unbroken to make them coherent and easier to read.
7. An illustration of the complete document is reproduced at the top of each page, and the section where the main illustration appears is highlighted in order to indicate its position. If it has only been possible to reproduce a long scroll in sections, the direction symbol has been used to indicate where one illustration ends and the next one begins. If the end of the scroll occupies less than one page, the direction symbol is used to indicate its position in the illustration of the complete document. If the text on the back of the document has a different orientation from the text on the front, it is reproduced as it is, but is also rotated (indicated with the rotation symbol) so that it can be read easily.
8. The titles of the documents generally conform with those already established by the Library, but in some cases have been amended by drawing on the most recent scholarly research. The titles are derived firstly from the beginning of the text, then from the end of the text, and lastly from the cover. If the title of a document differs from its authoritative form, the authoritative form is used; and if a document has no title, one is either supplied by comparison with similar documents, or a new one is devised. If the document is not in Chinese, its language is indicated before the title. If the number of juan is different from that of the authoritative version, or if there are other irregularities, this is noted.
9. The documents in the book are in traditional Chinese characters. Where the title contains personal or place names, the original characters used for these names are retained.

(Translated by David Helliwell)

第二九册目録

BD00401

妙法蓮華經卷四

（後秦）鳩摩羅什 譯

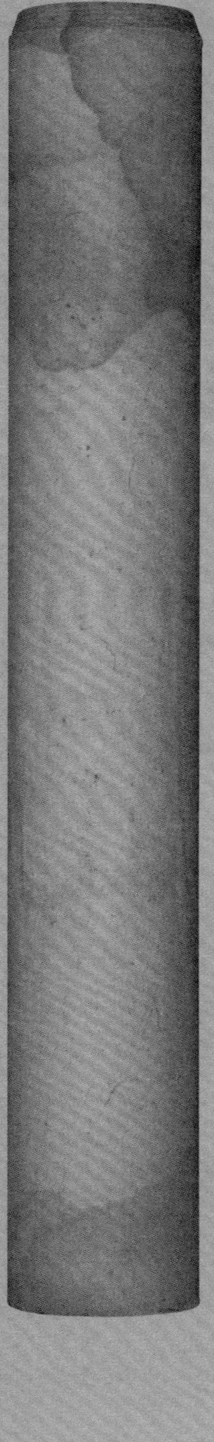

522.3cm × 26.9cm

経故出於諸佛前時其有以欲我身示四衆
者彼佛分身諸佛在於十方世界說法盡還
集一處然後我身乃出現耳大衆說我分身
諸佛在於十方世界說法者今應當集大衆
說白佛言世尊我等亦願欲見世尊分身諸
佛礼拜供養尒時佛放白毫一光即見東方
五百万億那由他恒河沙等國土諸佛彼諸
國土皆以頗梨為地寶樹寶衣以為莊嚴无
數千万億菩薩充滿其中遍張寶幔寶網羅
上彼國諸佛以大妙音而說諸法及見无量万
億菩薩遍滿諸國為衆說法南西北方四
維上下白毫相光所照之處亦復如是尒時
十方諸佛各告衆菩薩言善男子我今應往

寶塔時娑婆世界即變清淨瑠璃為地寶樹
莊嚴黃金為繩以界八道无諸聚落村營城
邑大海江河山川林藪燒大寶香曼陀羅華
遍布其地以寶網幔羅覆其上懸諸寶鈴唯
留此會衆移諸天人置於他土是時諸佛各
將一大菩薩以為侍者至娑婆世界各到寶
樹下一一寶樹高五百由旬枝葉華菓次第
莊嚴諸寶樹下皆有師子之座高五由旬亦
以大寶而校飾之尒時諸佛各於此座結跏
趺坐如是展轉遍滿三千大千世界而於釋
迦牟尼佛一方所分之身猶故未盡時釋迦
牟尼佛欲容受所分身諸佛故八方各更變
二百万億那由他國皆令清淨无有地獄餓
鬼畜生及阿脩羅又移諸天人置於他土所

鬼畜生及阿脩羅又移諸天人置於他土所
化之國亦以琉璃爲地寶樹莊嚴樹高五百
由旬枝葉華菓次第嚴飾樹下皆有寶師子
座高五由旬種種諸寶以爲莊挍亦无大海
江河及目真隣陀山摩訶目真隣陀山鐵圍
山大鐵圍山須弥山等諸山王通爲一佛國
土寶地平正寶交露幔遍覆其上懸諸幡蓋
燒大寶香諸天寶華遍布其地釋迦牟尼佛
爲諸佛當來坐故復於八方各變二百万億
那由他國皆令清淨无有地獄餓鬼畜生及
阿脩羅又移諸天人置於他土所化之國亦
以瑠璃爲地寶樹莊嚴樹高五百由旬枝葉
華菓次第莊嚴樹下皆有寶師子座高五由

真隣陀山摩訶目真隣陀山鐵圍山大鐵圍
山須弥山等諸山王通為一佛國土寶地平
正寶交露幔遍覆其上懸諸幡蓋燒大寶香
諸天寶華遍布其地尒時東方釋迦牟尼佛所
分之身百千万億那由他恒河沙等國土中
諸佛各各說法来集於此如是次第十方諸
佛皆悉来集坐於八方尒時一一方四百万
億那由他國土諸佛如来遍滿其中是時諸
佛各在寶樹下坐師子座皆遣侍者問訊釋
迦牟尼佛各齎寶華滿掬而告之言善男子
汝往詣耆闍崛山釋迦牟尼佛所如我辭曰
少病少惱氣力安樂及菩薩聲聞衆悉安隱
不以此寶華散供佛養而作是言彼某甲佛
與欲開此寶塔諸佛遣使亦復如是尒時釋
迦牟尼佛見所分身諸佛悉已来集各各坐於

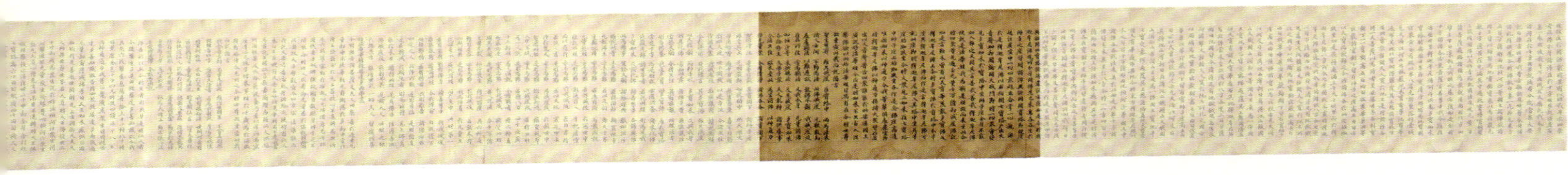

與欲開此寶塔諸佛遣使亦復如是尒時釋
迦牟尼佛見所分身諸佛悉已来集各各坐於
師子之座皆聞諸佛與欲同開寶塔即從座
起住虛空中一切四衆起立合掌一心觀佛
於是釋迦牟尼佛以右指開七寶塔戶出大
音聲如却關鑰開大城門即時一切衆會皆
見多寶如来於寶塔中坐師子座全身不散
如入禪定又聞其言善哉善哉釋迦牟尼佛
快說是法華經我爲聽是經故而来至此尒
時四衆等見過去无量千万億劫滅度佛說
如是言歎未曾有以天寶華聚散多寶佛及
釋迦牟尼佛上尒時多寶佛於寶塔中分半
座與釋迦牟尼佛而作是言釋迦牟尼佛可
就此座即時釋迦牟尼佛入其塔中坐其半
座結加趺坐尒時大衆見二如来在七寶塔

中師子座上結加趺坐各作是念佛座高遠
唯願如來以神通力令我等輩俱處虛空即
時釋迦牟尼佛以神通力接諸大衆皆在虛
空以大音聲普告四衆誰能於此娑婆國土
廣說妙法華經今正是時如來不久當入涅
槃佛欲以此妙法華經付囑有在尒時世尊
欲重宣此義而說偈言

聖主世尊　雖久滅度　在寶塔中　尚為法來
諸人云何　不勤為法　此佛滅度　无央數劫
處處聽法　以難遇故　彼佛本願　我滅度後
在在所往　常為聽法　又我分身　无量諸佛
如恒沙等　來欲聽法　及見滅度　多寶如來
各捨妙土　及弟子衆　天人龍神　諸供養事
令法久住　故來至此　為坐諸佛　以神通力
移无量衆　令國清淨　諸佛各各　詣寶樹下

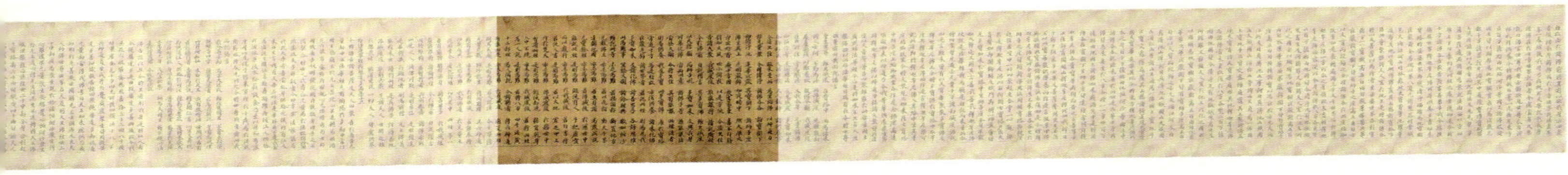

令法久住　故來至此　爲坐諸佛　以神通力
移無量衆　令國清淨　諸佛各各　詣寶樹下
如清淨池　蓮華莊嚴　其寶樹下　諸師子座
佛坐其上　光明嚴飾　如夜闇中　燃大炬火
身出妙香　遍十方國　衆生蒙薰　喜不自勝
譬如大風　吹小樹枝　以是方便　令法久住
告諸大衆　我滅度後　誰能護持　讀說斯經
今於佛前　自說誓言　其多寶佛　雖久滅度
以大誓願　而師子吼　多寶如來　及與我身
所集化佛　當知此意　諸佛子等　誰能護法
當發大願　令得久住　其有能護　此經法者
則爲供養　我及多寶　此多寶佛　處於寶塔
常遊十方　爲是經故　亦復供養　諸來化佛
莊嚴光飾　諸世界者　若說此經　則爲見我

多寶如來 及諸化佛 諸善男子 各諦思惟
此為難事 宜發大願 諸餘經典 數如恒沙
雖說此等 未足為難 若接須彌 擲置他方
无數佛土 亦未為難 若以足指 動大千界
遠擲他國 亦未為難 若立有頂 為衆演說
无量餘經 亦未為難 若佛滅後 於惡世中
能說此經 是則為難 假使有人 手把虛空
而以遊行 亦未為難 於我滅後 若自書持
若使人書 是則為難 若以大地 置足甲上
昇於梵天 亦未為難 佛滅度後 於惡世中
暫讀此經 是則為難 假使劫燒 擔負乾草
入中不燒 亦未為難 我滅度後 若持此經
為一人說 是則為難 若持八万 四千法藏
十二部經 為人演說 令諸聽者 得六神通
雖能如是 亦未為難 於我滅後 聽受此經

十二部経　為人演說　令諸聽者　得六神通
雖能如是　亦未為難　於我滅後　聽受此経
問其義趣　是則為難　若人說法　令千万億
无量无數　恒沙衆生　得阿羅漢　具六神通
雖有是益　亦未為難　於我滅後　若能奉持
如斯経典　是則為難　我為佛道　於无量土
從始至今　廣說諸経　而於其中　此経第一
若有能持　則持佛身　諸善男子　於我滅後
誰能護持　讀誦此経　今於佛前　自說誓言
此経難持　若暫持者　我則歡喜　諸佛亦然
如是之人　諸佛所歎　是則勇猛　是則精進
是名持戒　行頭陁者　則為疾得　无上佛道
能於來世　讀持此経　是真佛子　住淳善地
佛滅度後　能解其義　是諸天人　世間之眼

於恐畏世　能須臾說　一切天人　皆應供養

妙法蓮華経提婆達多品第十二

介時佛告諸菩薩及天人四衆。吾於過去无
量劫中求法華経无有懈惓。於多劫中常作
國王。發願求於无上菩提心不退轉。為欲滿
足六波羅蜜。勤行布施心无悋惜。象馬七珎
國城妻子奴婢僕從頭目髓腦身肉手足不
惜軀命。時世人民壽命无量。為於法故捐捨國
位委政太子。擊鼓宣令四方求法。誰能為
我說大乘者。吾當終身供給走使。時有仙人
來白王言。我有大乘名妙法蓮華経。若不違我當
為宣說。王聞仙言歡喜踊躍。即隨仙人供給
所須。採菓汲水拾薪設食。乃至以身而為床
座。身心无惓。于時奉事經於千歲。為於法故
精勤給侍令无所乏。介時世尊欲重宣此義

所須採菓汲水拾薪設食乃至以身而爲床
座身心无惓于時奉事經於千歲爲於法故
精勤給侍令无所乏尒時世尊欲重宣此義
而說偈言
我念過去劫　爲求大法故　雖作世國王　不貪五欲樂
椎鍾告四方　誰有大法者　若爲我解說　身當爲奴僕
時有阿私仙　來白於大王　我有微妙法　世間所希有
若能脩行者　吾當爲汝說　時王聞仙言　心生大喜悅
即便隨仙人　供給於所須　採薪及菓蓏　隨時恭敬與
情存妙法故　身心无懈惓　普爲諸衆生　勤求於大法
亦不爲己身　及以五欲樂　故爲大國王　勤求獲此法
遂致得成佛　今故爲汝說
佛告諸比丘尒時王者則我身是時仙人者
今提婆達多是由提婆達多善知識故令我

好紫磨金色十力四无所畏四攝法十八不共神通道力成等正覺廣度衆生皆因提婆達多善知識故告諸四衆提婆達多卻後過无量劫當得成佛号曰天王如來應供正遍知明行足善逝世間解无上士調御丈夫天人師佛世尊世界名天道時天王佛住世二十中劫廣為衆生說於妙法恒河沙衆生得阿羅漢果无量衆生發緣覺心恒河沙衆生發无上道心得无生法忍至不退轉時天王佛般涅槃後正法住世二十中劫全身舍利起七寶塔高六十由旬縱廣四十由旬諸天人民悉以雜華末香燒香塗香衣服瓔珞幢幡寶蓋伎樂歌頌礼拜供養七寶妙塔无量衆生得阿羅漢无量衆生悟辟支佛不可思議

寶蓋伎樂歌頌礼拜供養七寶妙塔无量衆
生得阿羅漢无量衆生悟辟支佛不可思議
衆生發菩提心至不退轉佛告諸比丘未来
世中若有善男子善女人聞妙法華經提婆
達多品淨心信敬不生疑惑者不墮地獄餓
鬼畜生生十方佛前所生之處常聞此經若
生人天中受勝妙樂若在佛前蓮華化生於
時下方多寶世尊所從菩薩名曰智積白多
寶佛當還本土釋迦牟尼佛告智積曰善男
子且待須臾此有菩薩名文殊師利可與相
見論說妙法可還本土尒時文殊師利坐千
葉蓮華大如車輪俱来菩薩亦坐寶蓮華從
於大海娑竭羅龍宮自然踊出住虛空中詣靈鷲
山從蓮華下至於佛所頭面敬礼二世尊足
脩敬已畢往智積所共相慰問却坐一面智

積菩薩問文殊師利仁往龍宮所化衆生其
數幾何文殊師利言其數无量不可稱計非
口所宣非心所測且待須臾自當有證所言
未竟无數菩薩坐寶蓮華從海踊出詣靈
鷲山住在虛空此諸菩薩皆是文殊師利之所
化度具菩薩行皆共論說六波羅蜜本聲聞
人在虛空中說聲聞行今皆脩行大乘空義
文殊師利謂智積曰於海教化其事如是尒
時智積菩薩以偈讚曰
大智德勇健　化度无量衆　今此諸大會　及我皆已見
演暢實相義　開闡一乘法　廣度諸衆生　令速成菩提
文殊師利言我於海中唯常宣說妙法華經
智積問文殊師利言此經甚深微妙諸經中
寶世所希有頗有衆生勤加精進脩行此經

寶世所希有頗有衆生勤加精進脩行此經
速得佛不文殊師利言有娑竭羅龍王女年八
始歲智慧利根善知衆生諸根利鈍行業得陀
羅尼諸佛所說甚深秘藏悉能受持深入禪
定了達諸法於剎那頃發菩提心得不退轉
辯才无礙慈念衆生猶如赤子功德具足心
念口演微妙廣大慈悲仁讓志意和雅能至
菩提智積菩薩言我見釋迦如來於无量劫
難行苦行積功累德求菩薩道未曾止息觀
三千大千世界乃至无有如芥子許非是菩
薩捨身命處為衆生故然後乃得成菩提道
不信此女於須臾頃便成正覺言論未訖時
龍王女忽現於前頭面礼敬却住一面以偈

深達罪福相　遍照於十方　微妙淨法身　具相三十二
以八十種好　用莊嚴法身　天人所戴仰　龍神咸恭敬
一切衆生類　无不宗奉者　又聞成菩提　唯佛當證知
我闡大乘教　度脫苦衆生
時舍利弗語龍女言：汝謂不久得无上道，是
事難信。所以者何？女身垢穢，非是法器，云何
能得无上菩提？佛道懸曠，經无量劫，勤苦積
行，具脩諸度，然後乃成。又女人身猶有五障：
一者不得作梵天王，二者帝釋，三者魔王，四
者轉輪聖王，五者佛身。云何女身速得成佛？
尒時龍女有一寶珠，價直三千大千世界，持
以上佛，佛即受之。龍女謂智積菩薩、尊者舍
利弗言：我獻寶珠，世尊納受，是事疾不？答言：
甚疾。女言：以汝神力，觀我成佛，復速於此。當

利弗言我獻寶珠世尊納受是事疾不答言
甚疾女言以汝神力觀我成佛復速於此當
時衆會皆見龍女忽然之間變成男子具菩
薩行即往南方无垢世界坐寶蓮華成等正
覺三十二相八十種好普爲十方一切衆生
演說妙法尒時娑婆世界菩薩聲聞天龍八
部人與非人皆遥見彼龍女成佛普爲時會
人天說法心大歡喜悉遥敬礼无量衆生聞
法解悟得不退轉无量衆生得受道記无垢
世界六反震動娑婆世界三千衆生住不退
地三千衆生發菩提心而得受記智積菩薩
及舍利弗一切衆會嘿然信受

妙法蓮華經勸持品第十三

尒時藥王菩薩摩訶薩及大樂說菩薩摩訶
薩與二万菩薩眷屬俱皆於佛前作是誓言

唯願世尊不以為慮我等於佛滅後當奉持
讀誦説此經典後惡世衆生善根轉少多增
上慢貪利供養增不善根遠離解脱難可
教化我等當起大忍力讀誦此經持説書寫
種種供養不惜身命尒時衆中五百阿羅漢
得受記者白佛言世尊我等亦自誓願於異
國土廣説此經復有學无學八千人得受記
者從座而起合掌向佛作是誓言世尊我等
亦當於他國土廣説此經所以者何是娑婆
國中人多弊惡懷增上慢功德淺薄瞋濁諂
曲心不實故尒時佛姨母摩訶波闍波提比
丘尼與學无學比丘尼六千人俱從座而起
一心合掌瞻仰尊顔目不暫捨於時世尊告
憍曇弥何故憂色而視如來汝心將无謂我

憍曇彌何故憂色而視如來汝心將无謂我
不說汝名得授阿耨多羅三藐三菩提記耶憍
曇彌我先惣說一切聲聞皆已授記今汝欲
知記者將來之世當於六万八千億諸佛法
中為大法師及六千學无學比丘尼俱為法
師汝如是漸漸具菩薩道當得作佛號一切
眾生憙見如來應供正遍知明行足善逝世
間解无上士調御丈夫天人師佛世尊憍曇
彌是一切眾生憙見佛及六千菩薩轉次授
記得阿耨多羅三藐三菩提尒時羅睺羅母
耶輸陀羅比丘尼作是念世尊於授記中獨
不說我名佛告耶輸陀羅汝於來世百千万億
諸佛法中脩菩薩行為大法師漸具佛道於

供正遍知明行足善逝世間解无上士調御
丈夫天人師佛世尊佛壽无量阿僧祇劫尒
時摩訶波闍波提比丘尼及耶輸陀羅比丘
尼并其眷屬皆大歡憙得未曾有即於佛前
而說偈言
世尊導師　安隱天人　我等聞記　心安具足
諸比丘尼說是偈已白佛言世尊我等亦能
於他方國土廣宣此經尒時世尊視八十万
那億由他諸菩薩摩訶薩是諸菩薩皆是阿
惟越致轉不退法輪得諸陁羅尼即從座起
至於佛前一心合掌而作是念若世尊告勑
我等持說此經者當如佛教廣宣斯法復作
是念佛今嘿然不見告勑我當云何時諸菩
薩敬順佛意并欲自滿本願便於佛前作師

薩敬順佛意并欲自滿本願便於佛前作師
子吼而發誓言世尊我等於如來滅後周旋
往反十方世界能令衆生書寫此經受持讀
誦解說其義如法脩行正憶念皆是佛之威
力唯願世尊在於他方遥見守護即時諸菩
薩俱同發聲而說偈言
唯願不爲慮　於佛滅度後　恐怖惡世中　我等當廣說
有諸无智人　惡口罵詈等　及加刀杖者　我等皆當忍
惡世中比丘　邪智心諂曲　未得謂爲得　我慢心充滿
或有阿練若　納衣在空閑　自謂行真道　輕賤人間者
貪著利養故　與白衣說法　爲世所恭敬　如六通羅漢
是人懷惡心　常念世俗事　假名阿練若　好出我等過
而作如是言　此諸比丘等　爲貪利養故　說外道論議

常在大衆中　欲毀我等故　向國王大臣　婆羅門居士
及餘比丘衆　誹謗說我惡　謂是邪見人　說外道論議
我等敬佛故　悉忍是諸惡　為斯所輕言　汝等皆是佛
如此輕慢言　皆當忍受之　濁劫惡世中　多有諸恐怖
惡鬼入其身　罵詈毀辱我　我等敬信佛　當著忍辱鎧
為說是經故　忍此諸難事　我不愛身命　但惜无上道
我等於來世　護持佛所囑　世尊自當知　濁惡世比丘
不知佛方便　隨宜所說法　惡口而顰蹙　數數見擯出
遠離於塔寺　如是等衆惡　念佛告勅故　皆當忍是事
諸聚落城邑　其有求法者　我皆到其所　說佛所囑法
我是世尊使　處衆无所畏　我當善說法　願佛安隱住
我於世尊前　諸來十方佛　發如是誓言　佛自知我心

妙法蓮華經卷第四

BD00401　妙法蓮華經卷四

妙法蓮華經卷第四

BD00402 妙法蓮華經（八卷本）卷八

（後秦）鳩摩羅什 譯

524.2cm × 26cm

尒時藥王菩薩即從座起偏袒右肩合掌向
佛而白佛言世尊若善男子善女人有能受
持法華經者若讀誦通利若書寫經卷得幾
所福佛告藥王若有善男子善女人供養八
百萬億那由他恒河沙等諸佛於汝意云何
其所得福寧為多不甚多世尊佛言若善男
子善女人能於是經乃至受持一四句偈讀
誦解義如說修行功德甚多尒時藥王菩薩
白佛言世尊我今當與說法者陁羅尼呪以
守護之即說呪曰
安尒一 曼尒二 摩祢三 摩摩祢四 旨隸五 遮梨
第六 賒咩羊鳴音七 賒履冈雉反 多瑋八 羶輸千反
帝九 目帝十 目多履十一 娑履十二 阿瑋娑履
十三 桑履十四 娑履十五 叉裔十六 阿叉裔十

經帝九賒履十[illegible]履一[illegible]履[illegible]三反
歎蔗毗叉膩二十二祢毗剃二十三阿便哆都餓反邏
祢履剃二十四阿亶哆波隸輸地途賣反二十五
漚究隸二十六牟究隸二十七阿羅隸二十八波羅隸
二十九首迦差初几反三十阿三磨三履三十一佛馱
毗吉利袠帝三十二達磨波利差猜離反帝
三十二僧伽涅瞿沙祢三十四婆舍婆舍輸地三十五
曼哆邏三十六曼哆邏叉夜多三十七郵樓哆三十八
郵樓哆憍舍略三十九惡叉邏四十惡叉冶多冶
四十一阿婆盧四十二阿摩若荏蔗反那多夜四十三
世尊是陁羅尼神呪六十二億恒河沙等諸
佛所說若有侵毀此法師者則爲侵毀是諸
佛已時釋迦牟尼佛讚藥王菩薩言善哉善

佛已時釋迦牟尼佛讚藥王菩薩言善哉善
哉藥王汝愍念擁護此法師故說是陁羅尼
於諸衆生多所饒益尒時勇施菩薩白佛言
世尊我亦為擁護讀誦受持法華經者說陁
羅尼若此法師得是陁羅尼若夜叉若羅剎
若富單那若吉蔗若鳩槃茶若餓鬼等伺求
其短无能得便即於佛前而說呪曰
痤誓螺反隸一摩訶痤隸二郁枳三目枳四阿隸
五阿羅婆第六涅隸第七涅隸多婆第八
伊緻猪履反柅九韋緻柅十旨緻柅十一涅隸墀
柅十二涅犁墀婆底十三
世尊是陁羅尼神呪恒河沙等諸佛所說亦
皆隨喜若有侵毀此法師者則為侵毀是諸

我亦為愍念衆生擁護此法師故說是陀羅
尼即說呪曰
阿梨一 那梨二 㝹那梨三 阿那盧四 那履五
拘那履六
世尊以是神呪擁護法師我亦自當擁護持
是經者令百由旬内无諸衰患尒時持國天
王在此會中與千萬億那由他乾闥婆衆恭
敬圍繞前詣佛所合掌白佛言世尊我亦以
陁羅尼神呪擁護持法華經者即說呪曰
阿伽祢一 伽祢二 瞿利三 乾陁利四 栴陁利五
摩蹬耆六 常求利七 浮樓莎柅八 頞底九
世尊是陁羅尼神呪四十二億諸佛所說若
有侵毀此法師者則為侵毀是諸佛已尒時

BD00402　妙法蓮華經（八卷本）卷八

有侵毁此法師者則爲侵毁是諸佛已尒時
有羅刹女等一名藍婆二名毗藍婆三名曲
齒四名華齒五名黑齒六名多髮七名无猒
足八名持瓔珞九名睪帝十名奪一切衆生
精氣是十羅刹女與鬼子毋并其子及眷屬
俱詣佛所同聲白佛言世尊我等亦欲擁護
讀誦受持法華經者除其衰患若有伺求法
師短者令不得便即於佛前而説呪曰
伊提履一伊提泯二伊提履三阿提履四伊
提履五泥履六泥履七泥履八泥履九泥履
十樓醯十一樓醯十二樓醯十三樓醯十四多醯十五多
醯十六多醯十七兜醯十八㝹醯
寧上我頭上莫惱於法師若夜叉若羅刹若
餓鬼若富單那若吉蔗若毗陁羅若揵䭾若

蔗若熱病若一日若二日若三日若四日乃
至七日若常熱病若男形若女形若童男形
若童女形乃至夢中亦復莫惱即於佛前而
說偈言
若不順我呪　惱亂說法者　頭破作七分　如阿梨樹枝
如殺父母罪　亦如壓油殃　斗秤欺誑人　調達破僧罪
犯此法師者　當獲如是殃
諸羅剎女說此偈已白佛言世尊我等亦當
身自擁護受持讀誦脩行是經者令得安隱
離諸衰患消眾毒藥佛告諸羅剎女善哉善
哉汝等但能擁護受持法華名者福不可量
何況擁護具足受持供養經卷華香瓔珞末

何况擁護具足受持供養經卷華香瓔珞末香塗香燒香幡蓋伎樂然種種燈蘇燈油燈諸香油燈蘇摩那華油燈瞻蔔華油燈婆師迦華油燈優鉢羅華油燈如是等百千種供養者睪帝汝等及眷屬應當擁護如是法師說是陁羅尼品時六萬八千人得无生法忍

妙法蓮華經莊嚴王本事品第二十七

尒時佛告諸大衆乃往古世過无量无邊不可思議阿僧祇劫有佛名雲雷音宿王華智多陁阿伽度阿羅呵三藐三佛陁國名光明莊嚴劫名憙見彼佛法中有王名妙莊嚴其王夫人名曰淨德有二子一名淨藏二名淨眼是二子有大神力福德智慧久脩菩薩所

羅蜜[illegible]
方便波羅蜜慈悲喜捨乃至三十七助道法
皆悉明了通達又得菩薩淨三昧日星宿三
昧淨光三昧淨色三昧淨照明三昧長莊嚴
三昧大威德藏三昧於此三昧亦悉通達尒
時彼佛欲引導妙莊嚴王及愍念衆生故說
是法華經時淨藏淨眼二子到其母所合十
指爪掌白言願母往詣雲雷音宿王華智佛
所我等亦當侍從親近供養礼拜所以者何
此佛於一切天人衆中說法華經宜應聽受
母告子言汝父信受外道深著婆羅門法汝
等應往白父與共俱去淨藏淨眼合十爪指
掌白母我等是法王子而生此邪見家母告
子言汝等當憂念汝父爲現神變若得見者

子言汝等當憂念汝父爲現神變若得見者
心必清淨或聽我等往至佛所於是二子念
其父故踊在虛空高七多羅樹現種種神變
於虛空中行住坐卧身上出水身下出火身
下出水身上出火或現大身滿虛空中而復
現小小復現大於空中滅忽然在地入地如
水履水如地現如是等種種神變令其父王
心淨信解時父見子神力如是心大歡喜得未
曾有合掌向子言汝等師爲是誰誰之弟
子二子白言大王彼雲雷音宿王華智佛今
在七寶菩提樹下法座上坐於一切世間天
人衆中廣說法華經是我等師我是弟子父
語子言我今亦欲見汝等師可共俱往於是

已信解堪任發阿耨多羅三藐三菩提心我
等為父已作佛事願母見聽於彼佛所出家
脩道尒時二子欲重宣其意以偈白母
願母放我等　出家作沙門　諸佛甚難值　我等隨佛學
如優曇波羅　值佛復難是　脫諸難亦難　願聽我出家
母即告言聽汝出家所以者何佛難值故於
是二子白父母言善哉父母願時往詣雲雷
音宿王華智佛所親近供養所以者何佛難
得值如優曇波羅華又如一眼之龜值浮木
孔而我等宿福深厚生值佛法是故父母當
聽我等令得出家所以者何諸佛難值時亦
難遇彼時妙莊嚴王後宮八万四千人皆悉
堪任受持是法華經淨眼菩薩於法華三昧

難遇佗時妙莊嚴王後宮八万四千人皆悉
堪任受持是法華經淨眼菩薩於法華三昧
久已通達淨藏菩薩已於无量百千万億劫
通達離諸惡趣三昧欲令一切衆生離諸惡
趣故其王夫人得諸佛習三昧能知諸佛秘
密之藏二子如是以方便力善化其父令心
信解好樂佛法於是妙莊嚴王與群臣眷屬
俱淨德夫人與後宮采女眷屬俱其王二子
與四万二千人俱一時共詣佛所到已頭面
礼足繞佛三帀却住一面尒時彼佛為王說
法示教利喜王大歡悅尒時妙莊嚴王及其
夫人解頸真珠瓔珞價直百千以散佛上於
虛空中化成四柱寶臺臺中有大寶床敷百
千万天衣其上有佛結加趺坐放大光明

時妙莊嚴王作是念佛身希有端嚴殊特成
就第一微妙之色時雲雷音宿王華智佛告
四衆言汝等見是妙莊嚴王於我前合掌立
不此王於我法中作比丘精勤修習助佛道
法當得作佛号娑羅樹王國名大光劫名大
高王其娑羅樹王佛有无量菩薩衆及无量
聲聞其國平正功德如是其王即時以國付
弟與夫人二子并諸眷屬於佛法中出家修
道王出家已於八万四千歲常勤精進修行
妙法華經過是已後得一切淨功德莊嚴三
昧即升虛空高七多羅樹而白佛言世尊此
我二子已作佛事以神通變化轉我耶心令
得安住於佛法中得見世尊此二子者是我
善知識為欲發起宿世善根饒益我故來生

善知識為欲發起宿世善根饒益我故来生
我家尒時雲雷音宿王華智佛告妙莊嚴王
言如是如是如汝所言若善男子善女人種
善根故世世得善知識其善知識能作佛事
示教利喜令入阿耨多羅三藐三菩提大王
當知善知識者是大因緣所謂化導令得見
佛發阿耨多羅三藐三菩提心大王汝見此
二子不此二子已曾供養六十五百千万億
那由他恒河沙諸佛親近恭敬於諸佛所受
持法華經愍念耶見衆生令住正見妙莊嚴
王即從虛空中下而白佛言世尊如来甚希
有以功德智慧故頂上肉髻光明顯照其眼

嚴王讚歎佛如是等无量百千万億功德已
於如來前一心合掌復白佛言世尊未曾有
也如來之法具足成就不可思議微妙功德
教戒所行安隱快善我從今日不復自隨心行
不生耶見憍慢瞋恚諸惡之心說是語已礼佛
而出佛告大衆於意云何妙莊嚴王豈異
人乎今華德菩薩是其淨德夫人今佛前光
照莊嚴相菩薩是哀愍妙莊嚴王及諸眷屬
故於彼中生其二子者今藥王菩薩藥上菩
薩是是藥王藥上菩薩成就如此諸大功德
已於无量百千万億諸佛所殖衆德本成就
不可思議諸善功德若有人識是二菩薩名
字者一切世間諸天人民亦應礼拜佛說是

字者一切世間諸天人民亦應礼拜佛說是
妙莊嚴王本事品時八万四千人遠塵離垢
於諸法中得法眼淨

妙法蓮華經普賢菩薩勸發品第二十八

尒時普賢菩薩以自在神通威德名聞與大
菩薩无量无邊不可稱數從東方來所經諸
國普皆震動雨寶蓮華作无量百千万億種
種伎樂又與无數諸天龍夜叉乾闥婆阿脩
羅迦樓羅緊那羅摩睺羅伽人非人等大衆
圍繞各現威德神通之力到娑婆世界耆闍
崛山中頭面礼釋迦牟尼佛右繞七帀白佛
言世尊我於寶威德上王佛國遥聞此娑婆
世界說法華經與无量无邊百千万億諸菩

佛告普賢菩薩若善男子善女人成就四法
於如來滅後當得是法華經一者爲諸佛護
念二者殖衆德本三者入正定聚四者發救
一切衆生之心善男子善女人如是成就四
法於如來滅後必得是經尒時普賢菩薩白
佛言世尊於後五百歲濁惡世中其有受持
是經典者我當守護除其衰患令得安隱使
无伺求得其便者若魔若魔子若魔女若魔
民若爲魔所著者若夜叉若羅剎若鳩槃荼
若毗舍闍若吉蔗若富單那若韋陁羅等諸
惱人者皆不得便是人若行若立讀誦此經
我尒時乘六牙白象王與大菩薩衆俱詣其
所而自現身供養守護安慰其心亦爲供養

所而自現身供養守護安慰其心亦為供養
法華經故是人若坐思惟此經尒時我復乘
白象王現其人前其人若於法華經有所忘
失一句一偈我當教之與共讀誦還令通利
尒時受持讀誦法華經者得見我身甚大歡
喜轉復精進以見我故即得三昧及陁羅尼
名為旋陁羅尼百千万億旋陁羅尼法音方
便陁羅尼得如是等陁羅尼世尊若後世後
五百歲濁惡世中比丘比丘尼優婆塞優婆
夷求索者受持者讀誦者書寫者欲脩習是
法華經於三七日中應一心精進滿三七日
已我當乘六牙白象與无量菩薩而自圍繞

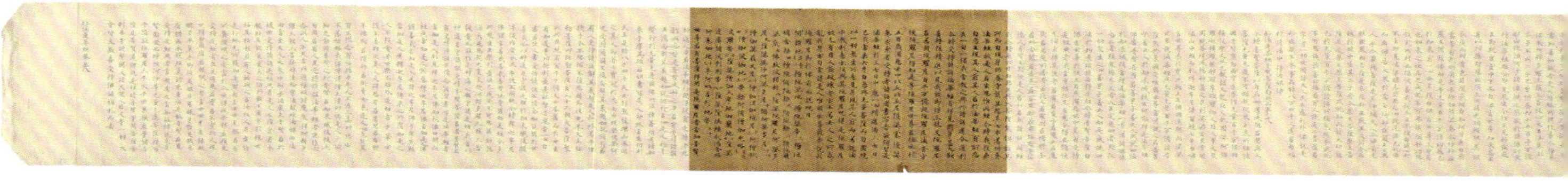

[illegible]
故无有非人能破壞者亦不為女人之所惑
亂我身亦自常護是人唯願世尊聽我說此
陁羅尼即於佛前而說呪曰
阿檀地(途賣反)一 檀陁婆地二 檀陁婆帝三 檀陁
鳩舍隸四 檀陁脩陁隸五 脩陁隸六 脩陁羅
婆底七 佛馱波羶祢八 薩婆陁羅尼阿婆多
尼九 薩婆婆沙阿婆多尼十 脩阿婆多尼十一
僧伽婆履叉尼十二 僧伽涅伽陁尼十三 阿僧祇
十四 僧伽波伽地十五 帝隸阿惰僧伽兜略(盧遮反)
波羅帝十六 薩婆僧伽三摩地伽蘭地十七 薩婆
達磨脩波利刹帝十八 薩婆薩埵樓馱憍舍略
阿㝹伽地十九 辛阿毗吉利地帝二十
世尊若有菩薩得聞是陁羅尼者當知普賢

阿羅伽地九辛阿毗吉利地帝
世尊若有菩薩得聞是陀羅尼者當知普賢
神通之力若法華經行閻浮提有受持者應
作此念皆是普賢威神之力若有受持讀誦
正憶念解其義趣如說脩行當知是人行普
賢行於无量无邊諸佛所深種善根為諸如
来手摩其頭若但書寫是人命終當生忉利
天上是時八万四千天女作衆伎樂而来迎
之其人即著七寶冠於婇女中娛樂快樂何
况受持讀誦正憶念解其義趣如說脩行若
有人受持讀誦解其義趣是人命終為千佛
授手令不恐怖不墮惡趣即往兜率天上弥
勒菩薩所弥勒菩薩有三十二相大菩薩衆
所共圍遶有百千万億

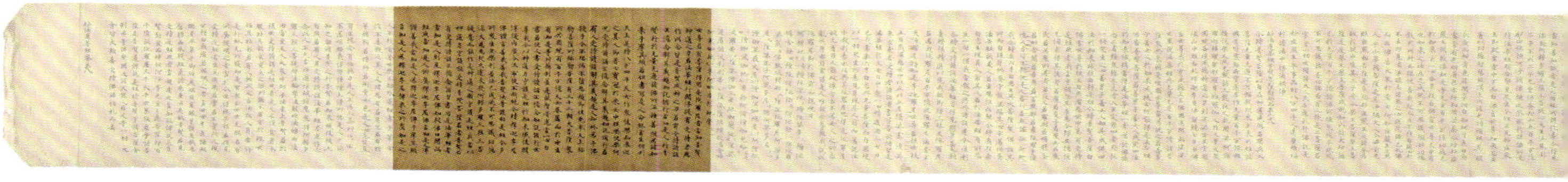

書若使人書受持讀誦正憶念如說脩行世
尊我今以神通力守護是經於如來滅後閻
浮提內廣令流布使不斷絕尒時釋迦牟尼
佛讚言善哉善哉普賢汝等護助是經令多
所衆生安樂利益汝已成就不可思議功德
深大慈悲從久遠來發阿耨多羅三藐三菩
提意而能作是神通之願守護是經我當以
神通力守護能受持普賢菩薩名者普賢若
有受持讀誦正憶念脩習書寫是法華經者
當知是人則見釋迦牟尼佛如從佛口聞此
經典當知是人供養釋迦牟尼佛當知是人佛
讚善哉當知是人為釋迦牟尼佛手摩其頭
當知是人為釋迦牟尼佛衣之所覆如是之

讚善哉當知是人為釋迦牟尼佛手摩其頭
當知是人為釋迦牟尼佛衣之所覆如是之
人不復貪著世樂不好外道經書手筆亦
復不喜親近其人及諸惡者若屠兒若畜猪
羊鷄狗若獵師若衒賣女色是人心意質直
有正憶念有福德力是人不為三毒所惱亦
不為嫉妬我慢邪慢增上慢所惱是人少欲
知足能修普賢之行普賢若如來滅後後五
百歲若有人見受持讀誦法華經者應作是
念此人不久當詣道場破諸魔衆得阿耨多
羅三藐三菩提轉法輪擊法鼓吹法螺雨法
雨當坐天人大衆中師子法座上普賢若於
後世受持讀誦是經典者是人不復貪著衣
服卧具飲食資生之物所願不虛亦於現世

是行終无所獲如是罪報當世世无眼若有
供養讚嘆之者當於今世得現果報若復見
受持是經者出其過惡若實若不實此人現
世得白癩病若輕咲之者當世世牙齒踈缺
醜脣平鼻手脚繚戾眼目角睞身體臭穢惡
瘡膿血水腹短氣諸惡重病是故普賢若見
受持是經典者當起遠迎當如敬佛說是普
賢勸發品時恒河沙等无量无邊菩薩得百
千億旋陁羅尼三千大千世界微塵等諸菩
薩具普賢道佛說是經時普賢等諸菩薩舍
利弗等諸聲聞及諸天龍人非人等一切大
會皆大歡喜受持佛語作礼而去

BD00402　妙法蓮華經（八卷本）卷八

會皆大歡喜受持佛語作礼而去

妙法蓮華經卷第八

BD00403　小鈔（擬）

412cm × 29cm

凡名開蒙未知教指歸三藏之中何藏所攝…
素怛纜藏此云律藏也　三阿毗達磨藏此云論藏也　今此四分律
所攝律藏有四名一名為戒若就教釋防非為戒若就…為戒若通釋防非止惡名之為戒也　二名為…
以之為律若就行解調伏戮犯以之為律
又釋詮量輕重決斷是非名之為律也　三名波羅提木叉此是梵語唐言別〻解脫若就教釋此是…縛之法依而出家者既羈无尋在〻處〻
為故云別〻解脫也若就行釋絕縛之心念〻之中能離煩惱
故云彼〻解脫又云斷絕羈縛念〻離塵染名木叉也　四名毗尼亦是梵語唐言滅〻若就教釋能除息諍論故名為滅若就行
斷除生死苦盡无扶泊故名為滅又釋滅除
生死盡諸苦因故名毗尼也　此是細尼藏世尊在世親自宣傳臨涅槃時
此律藏付囑優波離優波離滅度付囑摩訶迦葉摩訶迦葉滅
付囑阿難阿難滅度付囑商那和修商那修滅度付囑優…
[illegible]

[illegible]

四分律主是也　三名弥沙塞即五分律主是也　四名婆麁富那即僧
祇律主是　五名迦葉惟亦名迦葉毗律　本未弘於漢地也　仌
四分律主即曇無得部是　此是梵語　唐言法是護部也　得戒
種者　一自然得戒　唯仏是　二自誓得戒　唯大迦葉是　三見諦得戒　為
五俱輪等五比丘是　四善來得戒　謂耶舍等　五三語得戒　為仏未
制戒　但受三歸　即得具足　六問荅得戒　為須陁耶沙弥年始七歲
仏問其義　一一自具荅　稱可聖心　便蕟具足　七八敬得戒　為大愛道
從阿難聞八敬法　已歡喜頂受　便蕟具足　八敬者　一百馬率受懺請
安自八遣使得戒　為半迦尸尼　有其難緣　差使乞戒　即得具足
九羯磨得戒　謂十僧作法　十邊方五人授大戒者　已前九種　屬仏在
羯磨一法　教通凡聖　被及僧尼　謨羅現未　須知作法　問羯磨授

九羯磨得戒謂十僧作法十邊方五人授大戒者已前九種爲仏在
羯磨法教通凡聖被及僧尼謨羅現未須知作法　問羯磨授
戒具足幾緣得名如法　答依僧祇律具六緣　一年滿廿三衣鉢具
二身無庶難 邊方賊內黃 [illegible]當二　三結界成就　四界內盡集無其別衆　五羯
磨成就稱文　無有非相　六十僧滿足如法清淨
倫此緣六得如法六中闕一授戒不成　問戒有幾種　答有二種
一者作法界二者自然界就作法界中有三差別　一者攝僧界
攝僧皆夏 令无別衆罪　二攝衣界 攝衣以屬僧 令无離宿罪　三者攝食界 攝食以郭僧 令無宿煮罪　僧界之
中又有三種　一者大界　二者界場　三者小界　就大界之內又有三
種　一者人法二同界　二者法食二同界　三者法同食別界　若就自然
界中者文有四 一者聚落界 二者蘭若界 三者道行界 四者水界　問諸羯磨有幾種　答有一百

有卌八法　此三種磨擯　一切羯磨皆盡　一言二名　言二有　僧祇云五篇也

輕重相形故名為篇又云篇者類也　一波羅夷篇　蓋是西音此云無餘若犯此戒永棄清衆故曰无餘不得与僧同行布薩羯磨棄在衆外故云无餘也

二僧伽婆尸沙篇　此云僧殘若犯此戒行則毀缺不應在布薩之數於羯磨衆中斤類其命故曰僧殘也　三波逸提篇　此方云墮

若犯此戒墮之落燒煮覆葺地獄故云墮也　四波羅提提舍尼篇　此方云為向彼悔若犯此戒事合向阿對首懺悔故云向彼悔也　五式叉

迦羅尼篇　此方云應當學式叉儀餘行勤習方成故云應當學　此明七衆法者　此明四分當宗上文云七衆今云六衆者即今惡説吉羅為一衆罪是一數名衆也

一波羅夷聚　二僧伽婆尸沙聚　三偷蘭遮聚　此是梵語唐言麁惡亦云遮鄣言麁蘭言鄣若犯此

罪大遮鄣聖道故云遮鄣也然偷蘭不同有其四別一五逆偷蘭犯者應滅

擯不可懺二初篇下重偷蘭應八僧中悔三初篇下重蘭四僧中悔四二篇下輕蘭三僧中懺　言獨頭偷蘭

者　謂不依篇下而起但自分而成故曰獨頭有三差別　如破法輪僧盗四錢物僧食等名上品偷蘭若破羯磨僧盗三錢已下乎有衣相髑等名中品偷蘭若惡心罵僧盗一錢用人髮作衣食生血肉裸

身形差外道衣名下品蘭懺輕重　四波逸提聚　五提舍尼聚　六突吉羅聚

同前篇下懺法作也

七惡説聚　突者名惡吉羅名作々惡不正名突吉羅亦云蹉跌身作名惡口作名説故云惡作惡此二聚罪若故犯者應對手若悮犯者應責心也

問五篇七聚差別如何　答具有三義　一者名局　二者體局

三者究竟局具茲三種得名為篇不具六此三皆名為聚如前

三者究竟拘具玆三種得名爲篇不具此三皆名爲衆如前
篇四戒俱名波羅夷極重義等有此相似束爲初篇餘非類
者理不得同乃至第五類解可知又問何故但五不增不減耶答
或云業有五故立爲五篇多云准俗制法如五刑罪或可如來
隨根之教略標此五又問何因次第先後答推尋本制之興隨犯
而禁輕重事亂無定次第並是大聖欲令斯法倫傳遐代故
命憂波離曲宣方軌不以輕重次化於後故憂波離仏涅槃後
依聖教集仏所制四死之羅宜加先勒餘次輕者依其階位乃至
第五類以可知若舉能防行次第者初篇最是行之根本故須先明
若初行壞下四技條焉能得生是故初篇先立根本々行既立已不終
衆法不成則網難立何能彙法故立衆行爲第二篇衆法難

若不敬順三寶[illegible]
故第三希敬順三〻寶威儀淳熟趣道之行此舉根本所以初
勝若舉難防第五最勝乃至初篇七聚者名位如前言立名
初聚當體為名殘約境義稱号蘭就所防罪立名提蓮受
稱可呵〻責立字第六約作得名故名惡作七唯就說為名故云
惡說　言偷蘭先後者然偷蘭過處故能持之行在戒門所收
若約均雜往〻須在第五似體含方便究竟之果〻雜門所攝為麁
重故須在均下雜上位當第五又解作因故三為果故五為弁成故
尒又削補鈔云偷蘭或在上下者有由也律中或次僧殘者由是戒
門所收罪名重者以初篇遠近方便及獨頭正罪破僧盜四錢之類
也或在提舍居下則是威儀所攝罪名輕也如三篇下遠方便乃輕
獨頭之罪謂裸身用人髮等例是也然戒与威儀皆犯戒也據別

獨頭之罪謂裸身用人骸等例是也然戒与威儀皆犯戒也據別
而論上之三篇過相麁著能治名者戒也下四過輕能治之行名曰威
儀前四是均無非正果下三爲雜通輕及曰然僧蘭雜中之重故在第
五也　三衣六物者　一安多會（有四種一割截二褋葉三攝葉四縵作一長一短割截衣持餘衣准此持之即是五條衣也）　二名欝多
羅僧（有三種一割截二褋葉受文二長一短割截衣持即七條衣也）　三者僧伽梨（此衣有十八種謂割截褋葉各有九品亦有上中下上者廿五廿三廿一中者十九十七十五下
者十三十一九條也若持上者云廿五條衣受四長一短割截衣持或云褋葉衣持中者三長一短割截衣或褋葉衣持也）　受衣文　大德一心念我
比丘某甲此欝多羅僧七條衣受兩長一短割截或褋葉衣持（三說若是餘衣臨時捨故受文同上）
捨衣文　大德一心念我比丘某甲此僧伽梨是我三衣數先受
持今捨（一說下二衣及尼五衣須捨亦尔）　四尼師檀（坐言爲身爲衣爲卧具制畜之不得離用長四尺廣三尺二寸僧祇云不得拆尔持故物作也）　五鉢多羅僧
（僧祇云鉢是出家人器少欲少事非俗人所宜五分云佛自作鉢杖以爲法或有二種泥鐵是不得用餘物作）　六針筒（針謂縫納衣裳出家人須畜之）　授藥法藥
有四種　一時藥於中有二（一蒲闍尼此云正食謂飯麨乾飯魚肉佉闍尼亦五種此云不正食謂枝葉花菓細末食也淨食有五種一火淨二刀淨三瘡淨四鳥啄淨五不中種淨此中火淨及手擦淨得并子食餘三去子食是時藥謂從旦）至中　二非時藥（一謂八種

緣聽清水瀉淨加以受法得飲无病緣不德飲也 三授七日藥法 因緣應加受法聽七日服之
授法者云大德一心念我比丘某甲今為熱病冷病因緣聽七日藥
為欲服故今於大德邊 三說 受 餘二藥若有病患因緣須服者臨事
類此准改授文同上 四盡形藥法 佛言一切鹹苦辛不堪為食者乃至灰土大小便等若有病緣聽盡形服之
須手受加其法得服之 安居法從始及終揔有四法 謂有五種是法有四對念一妄界也時有三 初中後處有二作法界自然界
對首安居法云大德一心念我比丘某甲依 某伽藍某聚落隨事稱之 前三月下
安居房捨破修治故 汝莫放逸 答言爾 問菩薩戒中煞先婬後何故聲
戒中婬先煞後答菩薩以大慈為本是以煞戒為初聲聞以
梵行為基是以婬戒為首也 問婬戒具幾緣成犯 答具四緣
成犯一前境是女人二興染心三起方便四與境合便犯 問盜戒
具幾緣成犯 答具六緣成犯一有主物二有主想三盜心四重
物五興方便六離本處便犯 問煞戒具幾緣成犯 答具

具幾緣成犯　答具六緣成犯　一有主物　二有主想　三盜心　四重
物　五興方便　六離本處便犯　問煞戒具幾緣成犯　答具
五緣成犯　一人　二人想　三興殺心　四起方便　五斷命根便犯　問大妄
語戒具幾緣成犯　答具八曰緣成犯　一人　二人想　三事虛　四知是
事虛　五有誑他心　六自言己德　七言辭了了　八前人知解便犯
問僧有幾種　答有四種　一者四人僧（除授戒自恣出罪餘一切羯磨應作也）　二者五人僧（除中國授戒出罪餘法得作）
三者十人僧（除出罪餘法得作）　四者廿人僧（餘一切羯磨得作況復更多）　四衣法　一糞掃衣　二乞
食　三樹下坐　四食腐爛藥　糞掃衣有十種　一牛嚼衣　二鼠
噬衣　三火燒衣　四求衣　五受王衣　六神廟衣　若鳥銜風離處
者是七顛衣　八塚間衣　九產衣　十往還衣　僧物隨事立名
凡有六種　一者常住（謂眾僧廚庫寺舍園田僕使畜等體通十方不可分用言常住者常在此處不可易動四方僧來即於此處受用從初為名故稱常）
二十方常住僧物　如僧家熟物及眾僧受用食敢等物體通十方上至羅漢

三者現前現前僧物 前僧若盜此物從十方僧結罪也 四者現[illegible]
謂亡僧五衆衣物作羯磨了及有施現前大衆物法事聲斷善人首讓
衆僧未分故云現前現前僧物也 五者招提僧物
謂檀越施園田與現前僧々自造種房四方僧來无安置處俗人已就此房邊更施田園建立僧房與僧
供給所須由此房能招引四方僧故言招提僧物先造迴已房及園田施四方僧物名招提僧物也
六者僧歸物 謂僧園中有花或賣或已花歸寺買得物從歸得物故名僧歸物也 妄語有四種 一波羅夷妄語二僧殘妄語三波逸提妄
語四突吉羅妄語 口有四威儀語 一者常作法語二者常作正真實三者作和合語四常作悅意柔軟語 慳有五種 一慳財二慳法三慳家
四慳處五慳讚 四分義者云何 荅四者數也分者限也 世尊在世四度昇座
說此律終故名四分 五分十誦亦尒 又云梵本四夾故名四分 此四分律六釋之中且明一二 即律持業釋律即四分
帶數釋也 今依律本從初至僧戒末名為初分 從尼戒終至授說 二揵
度 為第二分 從安居揵度至房舍揵度已前為第三分 從房舍
揵度至律本終名為第四分 持戒德十種 一者攝取於僧 二令僧歡喜 三者令僧安樂 四未信者令信 五已信者令僧長
六難調者令調順 七慚愧得安樂 四未信者令信五已信者令 八斷現在有漏 九斷未來有漏 十令正法得久住
十二頭陀法 此云抖擻大小不同小乘人抖擻四事也大乘抖擻其心也頭者少
欲隨名知足抖擻煩惱利於住著故曰頭陀也 一持糞掃衣 二持三衣 三持隨衣 四常乞食 五一揣

八斷現在有漏 九斷未來有漏 十令正法得久住
十二頭陀法 四事也大衆斗藪其心也頭名少
欲隨名知足斗藪煩惱利於住著故曰頭陀也 一持糞掃衣 二持三衣 三持隨衣 四常乞食 五一揣
食 六一坐食 七不作餘食 八樹下坐 九塚間坐 十露地坐 十一
常坐不卧 十二者持衣有三食法有四處所有行人於依食所心
無染著精緣進道更不思須擅越施物凡有八種 一施比丘僧物
唯屬此比丘現前人分 二施比丘尼物 現前比丘尼數人分 三施四方僧物來者皆得作羯磨
分亦不得與尼同作羯磨若施招提僧不須作法 四施二部僧物
莫問人數多少分作二分一分僧取一分付尼各於當部自數人分之 五
者界內僧得施物唯屬住處僧入界皆得但取施主為定 六施
同羯磨僧得施物屬一處同作法者分之 七施稱名字僧若
言施禪師律師法師呪願師老病僧等不問親疏 八衆中僧得

无受戒上座應問於何寺於……

若不依此法而受者則輕損信施違犯處深應差五德分

之好惡相參令不見者攝壽餘人不得亂語利養難消負當

不在此莫生嫌恨啟人至行也出家之人不得迴施入己若欲迴者

其罪甚重應如法施 如法受 如法求 如法与 如法用 如法住

問律儀有幾種 答有四種 一靜慮律儀是色聚尸羅 二无漏律

儀 為无漏身中所起尸羅 三斷律儀 為斷煩惱名斷律儀 四別斷解脫

律儀 為欲界尸羅 為別別防非名別解脫儀 問律以何為

宗以何為體答以戒為宗諸說不同依東塔疏 以戒為宗 問律

以何為體 答今是語業為體 任意取舍色十一中以法為體

答依經部中以不相應為體依有部以色為體俱是法處攝也

問比丘有幾種 答有八種一名字比丘 二相似比丘 三自稱比丘 四乞求比丘 五着割截衣比丘 六破結使比丘 七善來比丘 八羯磨比丘

[illegible]

問比丘有幾種　答有八種一名字比丘二相似比丘三自稱比丘四乞求比丘五着割截依比丘六破結使比丘七善来比丘八羯磨比丘

問何名苾蒭　答有五義是草有德也　一者體性柔耎　二者香氣上騰

三者滋潤　四旁稍餘蔓（餘草）　五冬夏不凋　客舊相遇法旨大師在

日親為教主客苾蒭至自唱善来文復西方寺衆多為制法凡

見新来无論客舊及弟子門人即須迎前唱莎揭多釋曰善来

客乃尊聲即云窣莎揭多釋曰極善来　而不說者一違寺制

二准律有犯无問大小悉皆如此即為杖取瓶鉢掛在壁牙隨

處安坐令其憩息勿向屏處尊乃房前卑則敬上而熟搦

其踏後乃遍身尊乃撫下而頻按髀下至要脊足磨年之類无

問上下然既假疲勞方澡手濯足致就尊所申其礼敬但為

[illegible]

為师乃問其安不弟子隨事見荅[illegible]

无立法然西方軌則多坐小枯復皆露足葉夏既無斯所執足

之禮不行經說而人来至仏所頂礼雙足退坐一面即其儀矣然後

釋其時候茶[illegible]湯飲如蕭溜澤此之不闌杏湯之流體是稠

濁准依道理全无飲限律云凡將淨慮色如黃蘇此謂西國師

弟門徒客舊相遇逢迎之礼豈有冒寒創至觸熱來或遍

體汗流或手足皆凍放却衣襆急事和南若情然慈托深乖

軌或師乃立之閑問餘事誠扎太急將為紹隆言和南者梵語

畔睇或撢南譯為敬礼但為採語不真喚和南矣不能餘舊語

且道和南翻取正音應云畔睇又道行衆集礼拜非儀合掌低

頭口云畔睇故經云或復但合掌乃至小低頭即是至敬也南人不審

依希合掌度向使改不審為畔睇斯乃全同律教矣　問比丘

依希合掌度向使改不審爲畔睒斯乃全同律教矣 問比丘
有幾種義名曰比丘 答有四種義 一名乞士 二名怖魔 三破煩惱 四淨持戒 問捨
戒有幾種依俱舍論有五種 一命終捨 二斷善根捨 三二形捨 四作法捨 五夜捨 問羯磨是何義
羯磨者是梵語此云辯事 能辯前故名辯事也 羯磨所作事有幾種 答惣攝束爲三種
一情過事名受戒等 二非情事爲結戒等 三情非情 爲事等之也 問戒律毗尼波羅提木叉有何差別
律者法也非法无以宥戒儀故名爲律 毗尼者調伏 波羅提木叉者
名解脫戒者爲是遮正義 以一切諸惡不善故 名戒也 問毗略說戒幾種緩
急如何 答有三種 一羯磨說戒 二自說戒 三心念說戒 略說有三五十種 七種從緩向急 有七從急向緩 有十五種略也 問安居是
何義 答有九旬修道攝心此住故曰安居 有三義故 一无事遊行防修道業 二損傷物
命蓮蕊寔深 三所爲 既非教招世譏
問自恣有幾種 答有三種 一時自恣 二增善自恣 三滅却自恣 問自恣
是何義 答有九旬修道精練身心人多迷已不自見過内部 恩隱外顯有瑕疵身口託於他人故曰自恣 問廿部小乘此律何部所攝
答法蜜部所攝 大衆說一出世鷄 多聞說假 制多雪山 北上山 應時聞 名雪山 一切有犢子法上賢胄正量密林山也 法藏 飲光 經量 但 問戒律云
所防戒不同別解脫戒以是色法但防身口故心者

問十三同篇何不九我便[illegible]三言二不[illegible]諫故須四戒僧傍相似故須僧諫前九戒

僧傍故不犯之也　問汙家戒犯何罪　答爲違僧諫得殘罪眞依未諫結罪

不同自擿花等得提罪汙家惡行等得罪吉　問汙家戒緣何事

犯言傍僧有愛有恚等違僧故犯殘　問性(惡)所諫事云何爲言

說相似不了是非言似是非言似是我家法是(我)家諸大得吉羅諫我廣

造諸惡須僧諫也　問卅九十既是同篇何以爲兩門　答卅因過起會心

續生故捨物方懺故爲一門九十何即直懺更不別捨財物故分爲二門

問卅捨隨具幾義　答具三義故一捨財物二捨罪(二捨相續貪心)歸至無過具此三義

故入捨墮　問七滅諍何篇所攝　答七滅諍是第五篇吉羅所攝

此七藥各具幾滅前四(諍)言諍用四藥所現前二多人語覓諍通

用三藥憶念不癡罪處所犯諍用二藥自言持草覆地事諍通

BD00403　小鈔（擬）

用三藥憶念不疑罪處所犯諍用二藥自言持草覆地事諍通
用七藥一切滅之　問七滅諍幾通凡聖局義云何　答憶念毗尼唯聖
不作不犯罪處所唯凡亦犯不癡等而作不犯　旁通聖凡　問七滅
諍有幾不殄諍　答自言草覆地亦滅諍滅罪憶念不癡等但
滅諍不滅罪　問四諍四罪如何　答言諍諍十八法道理是非絲經來往
故云諍覓諍者覓彼前人所犯之罪而情不知故也犯者諍
如羊他人犯罪前人據地云墮或云不墮或犯吉而情絲覓故
事諍者惣前三諍中所有羯磨非如而人共諍是相也　問何
以篇結數衆學何以不結　答戒數微細故指在下明但言應當
學　問五篇七聚差別如何（答果入五篇在義通　因果者入七聚）　問蘭羅如何不入篇攝
答蘭羅即體義通因果故不入篇攝也

比丘道〻應提記

BD00404

四分律比丘戒本

（後秦）佛陀耶舍 譯

（唐）懷素 集

730.6cm×28cm

和合僧集會未受大[illegible]
及清淨誰遣比丘尼[illegible]
大德僧聽今十五日衆僧[illegible]戒若僧時到僧忍聽
和合說戒白如是　諸大德我今欲說波羅提木
叉戒汝等諦聽善思念之若自知有犯者即應
自懺悔不犯者默然默然者知諸大德清淨若有
他問者亦如是答如是比丘在於衆中乃至三問
憶念有罪不懺悔者得故妄語罪故妄語者佛
說障道法若彼比丘憶念有罪欲求清淨者應
懺悔懺悔得安樂　諸大德我已說戒經序
今問諸大德是中清淨不三說　諸大德是中清淨
默然故是事如是持　諸大德是四波羅夷半
月半月說戒經中來
若比丘共比丘同戒若不還戒戒羸不自悔犯不

不與取法若爲王王大臣所捉若殺若縛若駈出
國汝是賊汝癡汝无所知是比丘波羅夷不共住
若比丘故自手斷人命持刀與人歎譽死快勸死咄
男子用此惡活爲寧死不生作如是心思惟種種方
便歎譽死快勸死是比丘波羅夷不供住
若比丘實无所知自稱言我得上人法我已入聖智勝
法我知是我見是彼於異時若問若不問欲自清淨
故作是說我實不知不見言知言見虛誑妄語除增
上慢是比丘波羅夷不共住　諸大德我已說四波羅
夷法若比丘犯一一波羅夷(法)不得與諸比丘共住如前後
亦如是是比丘得波羅夷罪不應共住今問諸大德是
中清淨不三說　諸大德是中清淨默然故是事如是持
諸大德是三十僧伽婆尸沙法半月半月說戒經中來
若比丘故弄陰出精除夢中僧伽婆尸沙法

若比丘故弄陰出精除夢中僧伽婆尸沙法
若比丘婬欲意與女人身相觸若捉手若捉髮若觸一
身分者僧伽婆尸沙
若比丘婬欲意與女人麤惡婬欲語隨麤惡婬欲語者
僧伽婆尸沙　若比丘婬欲意於女人前自歎身言大
妹我修梵行持戒精進修善法可持是婬欲法供養我
如是供養第一最僧伽婆尸沙
若比丘往來彼此媒嫁持男意語女持女意語男若為
成婦事若為私通事乃至須臾頃僧伽婆尸沙
若比丘自求作屋无主自為己當應量作是中量者長
佛十二磔手內廣七磔手當將比丘指授處所彼比丘當指示
處所无難處无妨處若比丘有難處妨處自求作屋作无主
自為己不將餘比丘指授處所若過量作者僧伽婆尸沙
若比丘欲作大房有主為己作當將餘比丘往指授處所
[illegible]

若比丘瞋恚所覆故非波羅夷比丘以无根波羅夷法謗
欲壞彼清淨行若於異時若問不問知此事无根說我
瞋恚故作是語若比丘作是語者僧伽婆尸沙
若比丘以瞋恚故於異分事中取片非波羅夷比丘以无根波
羅夷法謗欲壞彼清淨行彼於異時若問不問知是
異分事中取片是比丘自言我瞋恚故作是語作是語者
僧伽婆尸沙　若比丘欲壞和合僧方便受壞和合僧法堅
持不捨彼比丘應諫是比丘大德莫壞和合僧莫方便壞
和合僧莫受壞法堅持不捨大德應與僧和合與僧和合
歡喜不諍同一師學如水乳合於佛法中有增益安樂住
是比丘如是諫時堅持不捨彼比丘堅持不捨彼比丘應三
諫捨此事故乃至三諫捨者善不捨者僧伽婆尸沙
若比丘有餘伴黨若一若二若三乃至无數彼比丘語是比丘
言大德莫諫此比丘此比丘是法語比丘律語比丘此比丘所

若比丘有餘伴黨若一若二若三乃至無數彼比丘語是比丘
言大德莫諫此比丘此比丘是法語比丘律語比丘此比丘所
比丘所說我等喜樂此比丘所說我等忍可彼比丘言大
德莫作是說言此比丘法語比丘律語比丘此比丘所說我等
喜樂此比丘所說我等忍可然此比丘非法語比丘非律語比丘
大德莫欲破壞和合僧汝等當樂欲和合僧大德與僧
和合歡喜不諍同一師學如水乳合於佛法中有增
益安樂住是比丘如是諫時堅持不捨彼比丘應三諫
捨此事故乃至三諫捨者善不捨者僧伽婆尸沙
若比丘依聚落若城邑住汙他家行惡行汙他家亦見
亦聞行惡行亦見亦聞諸比丘當語是比丘言大德汙他
家行惡行汙他家亦見亦聞行惡行亦見亦聞大德汝汙
他家行惡行今可遠此聚落去不須住此是比丘語彼比丘
作是語大德諸比丘有愛有恚有怖有癡有如是同罪

比丘不愛不恚不怖不癡大德汙他家行惡行汙他家
亦見亦聞行惡行亦見亦聞是比丘如是諫時堅持不捨
彼比丘應再三諫捨此事故乃至三諫捨者善不捨者僧
伽婆尸沙　若比丘惡性不受人語於戒法中諸比丘如
法諫已自身不受諫語言諸大德莫向我說若好若惡
我亦不向諸大德說若好若惡諸大德且止莫諫我彼比
丘言大德莫自身不受諫語大德自身當受諫語大德
如法諫諸比丘諸比丘亦如法諫大德如是佛弟子衆得
增益展轉相諫展轉相教展轉懺悔是比丘如是諫
時堅持不捨彼比丘應三諫捨此事故乃至三諫捨者善
不捨者僧伽婆尸沙　諸大德我已說十三僧伽婆尸沙法
九初犯四乃至三諫若比丘犯一一法知而覆藏應強與波
利婆沙行波利婆沙竟增上與六夜摩那埵行摩那
埵已餘有出罪當二十僧中出是比丘罪若少一人不滿

埵已餘有出罪法應二十僧中出是比丘罪若少一人不滿
二十衆出是比丘罪是比丘罪不得除諸比丘亦可呵此是
時今問諸大德是中清淨不三說
諸大德是中清淨默然故是事如是持　諸大德是二
不定法半月半月說戒經中來
若比丘共女人獨在屏處障處覆處可作婬處坐說非
法語有住信優婆私於三法中一一法說若波羅夷若僧伽
婆尸沙若波逸提是坐比丘自言我犯是罪於三法中應一一治
若波羅夷若僧伽婆尸沙若波逸提如住信優婆私所說
應如法治是比丘是名不定法
若比丘共女人在露現處不可作婬處坐作說麤惡語有住信
優婆私於二法中一一法說若僧伽婆尸沙若波逸提是坐比
丘自言我犯是事於二法中應一一法治若僧伽婆尸沙若

諸大德是中清淨默然故是事如是持
諸大德是三十尼薩耆波逸提法半月半月說戒經中來
若比丘衣已竟迦絺那衣已出畜長衣經十日不淨施得畜
若過十日尼薩耆波逸提　若比丘衣已竟迦絺那衣
已出於三衣中離一一衣異處宿除僧羯磨尼薩耆波逸提
若比丘衣已竟迦絺那衣已出若比丘得非時衣欲須便
受受已疾疾成衣若足者善不足者得畜經一月為滿
足故若過畜者尼薩耆波逸提
若比丘從非親里比丘尼取衣除貿易尼薩耆波逸提
若比丘令非親里比丘尼浣故衣若染若打尼薩耆波逸提
餘時者若比丘奪衣失衣燒衣漂衣是謂餘時
若比丘從非親里居士居士婦乞衣除餘時尼薩耆波逸提
餘時者若比丘奪衣失衣燒衣漂衣是謂餘時
若比丘失衣奪衣燒衣漂衣若非親里居士居士婦自恣

餘時者若比丘奪衣失衣燒衣漂衣是謂餘時
若比丘失衣奪衣燒衣漂衣若非親里居士居士婦自恣
請多與衣是比丘當知足受衣若過者尼薩耆波逸提
若比丘居士居士婦爲比丘辦衣價買如是如是衣與某甲
比丘是比丘先不受自恣請到居士家作如是說善哉居士
爲我買如是如是衣與我爲好故若得衣者尼薩耆波逸提
若比丘二居士居士婦與比丘辦衣價持如是衣價買如是衣
與某甲比丘是比丘先不受居士自恣請到二居士家作是言
善哉居士辦如是如是衣價與我共作一衣爲好故若得衣
者尼薩耆波逸提 一十　若比丘若王若大臣若婆
羅門若居士居士婦遣使爲比丘送衣價持如是衣價與某（買如是衣）
甲（比丘）彼使人至比丘所語比丘言大德今爲汝故送是衣價受取
是比丘應語彼使如是言我不應受此衣價我若須衣合
時清淨當受彼使語比丘言大德有執事人不須衣比丘

所作是如言大德所是某甲執事人我已與衣價大德知時當往彼
得衣須衣比丘當往執事人所若二反三反為作憶念當語言
我須衣若二反三反為作憶念若得衣者善若不得衣應四反
五反六反在前默然立若四反五反六反在前默然住得衣善
者善若不得衣者過是求得衣者尼薩耆波逸提若不得
衣從所得衣價處若自往若遣使往語言汝先遣使持衣
價與某甲比丘是比丘竟不得衣汝還取莫使失此是時

若比丘雜野蠶綿作新臥具者尼薩耆波逸提
若比丘以新純黑糯羊毛作新臥具者尼薩耆波逸提
若比丘作新臥具應用二分純黑羊毛三分白四分牻若比
丘不用二分黑三分白四分牻作新臥具者尼薩耆波逸提
若比丘作新臥具持至六年若減六年不捨故更作新者
除僧羯磨尼薩耆波逸提

除僧羯磨尼薩耆波逸提
若比丘作新坐具當取故者縱廣一磔手帖著新者上
爲壞色故若作新具坐不取故者縱一磔手帖著新者
上用壞色故尼薩耆波逸提
若比丘道路行得羊毛若无人持得自持乃至三由旬
若无人持自持過三由旬尼薩耆波逸提
若比丘使非親里比丘尼浣染擘羊毛者尼薩耆波逸提
若比丘自手提錢若金銀若教人提若置地受者尼薩耆
波逸提　若比丘種種賣買者尼薩耆波逸提
若比丘種種取賣者尼薩耆波逸提廿
若比丘畜長鉢不淨施得齊十日過者尼薩耆波逸提
若比丘畜鉢減五綴不漏更求新鉢爲好故尼薩耆波逸提
彼比丘應往僧中捨展轉取最下鉢與之令持乃至破
應持此是時　若比丘自乞縷線使非親里織師織作

自恣請便往織師所語言此衣為我作與(來)極好織令廣
大堅緻我當少多與汝價乃至(是比丘與衣價)一食直若得衣者尼薩耆
波逸提　若比丘先與比丘衣後瞋恚(故)若自奪若教人
奪取還我衣來不與汝若比丘還衣彼取衣者尼薩耆波逸提
若比丘有病畜殘藥蘇油生蘇蜜石蜜齊七日得服若
過七日服者尼薩耆波逸提
若比丘春殘一月在當求雨浴衣半月應用浴若比丘過
一月前求雨浴衣過半月前用浴者尼薩耆波逸提
若比丘十日未(滿)竟夏三月諸比丘得急施衣比丘知是急施衣
當受受已乃至衣時應時畜若過畜者尼薩耆波逸提
若比丘夏三月竟後迦提一月滿在阿蘭若有疑恐懼處住
比丘在如是處住三衣中欲留一一衣置(村)舍內諸比丘有因緣
離衣宿乃至六夜若過者尼薩耆波逸提

離衣宿乃至六夜若過者尼薩耆波逸提
若比丘知是僧物自求入已者尼薩耆波逸提
諸大德我已説三十尼薩耆波逸提法今問諸大德是中
清淨不三説　諸大德是中清淨黙然故是事如是持
諸大德是九十波逸提法半月半月説戒經中來
若比丘知而妄語者波逸提　若比丘種類毀呰語
者波逸提　若比丘兩舌語者波逸提　若比丘與婦女同
室宿者波逸提　若比丘與未受大戒人共一宿過二宿至
三宿者波逸提　若比丘與未大戒人共誦波逸提
若比丘知他比丘有麤惡罪向未受大戒人説除僧羯磨
波逸提　若比丘向未受大戒人説過人法言我見是我
知是實者波逸提　若比丘與女人説法過五六語除
有知男子波逸提　若比丘自手掘地若教人掘者
波逸提 卞 若比丘壞鬼神村者波逸提

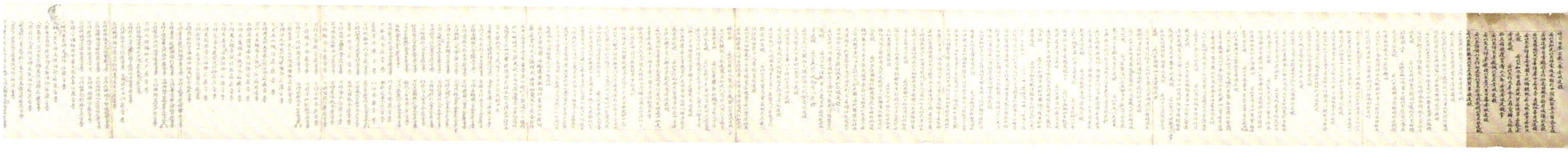

敷捨去不自舉不教人舉者波逸提

若比丘於僧房舍中敷僧臥具若教人敷若坐若臥去

時不自舉不教人舉者波逸提

若比丘知先比丘住處後来强於中間敷臥具止宿念言彼

若嫌迮者自當避我去作如是因縁非餘非威儀波逸提

若比丘瞋他比丘不喜僧房中若自牽出教他牽出波逸提

若比丘若僧房若重閣上脱脚繩牀若木牀若坐若臥波

逸提

若比丘知水有蟲若澆泥若澆草若教人澆

者波逸提

若比丘作大房舍戶扉窻牖及餘莊

飾具指授覆苫齊二三節若過者波逸提 二十

若比丘僧不差教誡比丘尼者波逸提

若比丘為僧差教授比丘尼乃至日暮者波逸提

若比丘語諸比丘作如是語比丘為飲食故教授比丘尼波逸提

若比丘與非親里比丘尼衣除貿易波逸提

若比[illegible]
若比丘與非親里比丘尼衣除貿易波逸提
若比丘與非親里比丘尼作衣者波逸提
若比丘與比丘尼在屏處坐者波逸提
若比丘與比丘尼共期同一道行從一村乃至一村間除異時
波逸提異時者與估客行若疑畏怖時是謂異時
若比丘與比丘尼共期同乘船上水下水除直渡者波逸提
若比丘知比丘尼讚歎教化因緣得食除檀越先意請者
波逸提　若比丘與婦女共期同一道行乃至村間
波逸提 三十　若比丘施一食處无病比丘應受一食若
過受者波逸提　若比丘展轉食除餘時波逸提餘
時者病時施衣時是謂餘時
若比丘別衆食除餘時波逸提餘時者病時作衣時施衣
時道行時乘船時大衆集時沙門施食時此是時

鉢受持還僧伽藍中不分與餘比丘食者波逸提
若比丘足食竟或時受請不作餘食法而食者波逸提
若比丘知他比丘足食已若受請不作餘食法殷勤請與食
長老取是食以是因緣非餘欲使他犯者波逸提
若比丘非時受食食者波逸提
若比丘殘宿食而食者波逸提
若比丘不受食若欲著中口除水及楊枝波逸提
若比丘得好美飲食乳酪魚及肉若比丘如此美飲食無
病自爲己索者波逸提四十　若比丘外道男外道女自
手與食者波逸提　若比丘先受請已前食後食
行詣餘家不囑授餘比丘除餘時波逸提餘時者病時
作衣時施衣時是謂餘時　若比丘食家中有寶强安
坐者波逸提　若比丘食家中有寶在屏處坐者波逸提
若比丘獨與女人露地坐者波逸提

若比丘獨與女人露地坐者波逸提
若比丘語餘比丘如是語大德共至聚落當與汝食彼比
丘竟不教與是比丘食語言汝去我與汝一處若坐若語
不樂我獨坐獨語樂以因緣非餘方便遣去波逸提
若比丘請四月與藥无病比丘應受若過受除常請更請
分請盡形壽請波逸提　若比丘往觀軍陣除時因
緣波逸提　若比丘有因緣聽至軍中二宿三宿過
者波逸提若比丘二宿三宿軍中住或時觀軍陣鬪戰若
觀遊軍象馬力勢者波逸提　若比丘水中嬉戲者波逸提
五十
若比丘以指相擊擽者波逸提　若比丘不受諫語者波
逸提　若比丘恐怖他比丘者波逸提
若比丘半月洗浴无病比丘應受不得過除餘時波逸
提餘時者病時作時風時雨時道行時此是時
若比丘无病自為炙身故在露地然火若教人然除時因緣

叉摩那沙彌沙彌尼衣後不語主還取著者波逸提
若比丘得新衣應作三種壞色一一色中隨意壞若青若黑
若木蘭若比丘不以三種壞色若青若黑若木蘭著餘
新衣者波逸提　若比丘故煞畜命者波逸提
若比丘知有虫水飲用者波逸提　若比丘故惱他比丘令
須臾間不樂者波逸提　六十　若比丘知他比丘犯麁
惡罪覆藏者波逸提　若比丘年滿廿應受大戒
若比丘知年不滿廿受大戒此人不得戒彼比丘可呵癡故
波逸提　若比丘知諍事如法懺悔已後更發起
者波逸提　若比丘知是賊伴結要共同一道行乃至一
村間者波逸提　若比丘作如是語我知佛所說法行婬
欲非障道法彼比丘諫此比丘言大德莫作是語莫謗世尊
謗世尊者不善世尊不作是語世尊无數方便說犯婬
欲是障道法彼比丘諫此比丘時堅持不捨彼比丘乃至三

謗世尊謗世尊者不善世尊不作是語世尊無數方便說婬欲
是障道法彼比丘諫此比丘時堅持不捨彼比丘乃至三
諫捨此事故若三諫捨者善不捨者波逸提
若比丘知如是語人未作法如是邪見而不捨供給所須共同
羯磨止宿言語者波逸提
若比丘知沙彌作如是語我
從佛聞法若行婬欲非障道法彼比丘諫此沙彌如是言汝莫
誹謗世尊謗世尊者不善世尊不作是語沙彌世尊無數
方便說婬欲是障道法彼比丘諫此沙彌時堅持不捨彼比
丘應乃至再三諫令捨此事故乃至三諫而捨者善不捨
者彼比丘應語彼沙彌言汝自今已去不得言佛是我世尊
不得隨逐餘比丘如諸沙彌得與比丘二三宿汝今無如是事汝出
去滅去不應住此若比丘知如是衆中被擯沙彌而誘將畜
養共止宿者波逸提
若比丘餘比丘如法諫時作如是
語我今不學此戒當難問餘智慧持律比丘者波逸提若

波逸提　若比丘說戒時作如是語我今始知此法戒
經所載半月半月說戒經中來餘比丘知是比丘若二若
三說戒經中坐何況多彼比丘知无解若犯罪應如法治
更重增无知罪語言長老汝无利不善得汝說戒時不
用心念不一心兩耳聽法彼无知故波逸提 七十
若比丘共同羯磨已後如是言諸比丘隨親厚衆僧物與者波
逸提　若比丘衆僧斷事未竟不與欲而起去波
者逸提　若比丘與欲已後悔者波逸提
若比丘共比丘鬪諍已聽此語向彼說者波逸提
若比丘瞋恚不喜打比丘者波逸提
若比丘瞋恚不喜以手摶比丘者波逸提
若比丘瞋恚故以无根僧伽婆尸沙謗者波逸提
若比丘刹利水澆頭王種王未出未藏寶而入若過宫門
閾者波逸提　若比丘若寶及寶莊飾具若自捉若教人

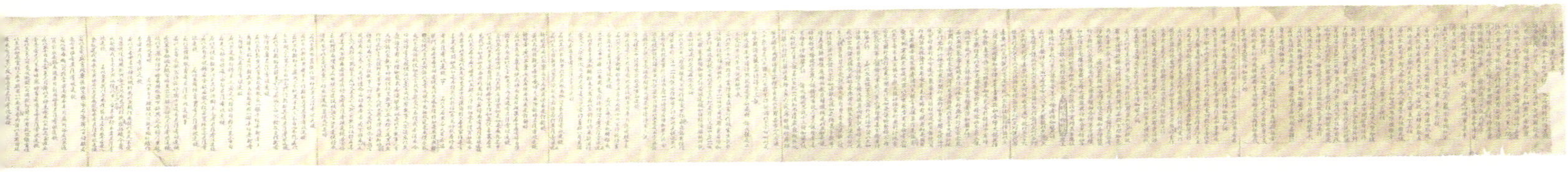

闍者波逸提　若比丘若寶及寶莊飾具若教人
捉除僧伽藍中及寄宿處波逸提
若比丘在僧伽藍中若寄宿處若捉寶若以寶莊飾具
若自捉若教人捉當作是意若有主識者當取作如是因
緣非餘　若比丘非時入聚落不囑受餘比丘者波逸提 八十
若比丘作繩牀木牀足應高如來八指除入梐孔上截竟
過者波逸提　若比丘兜羅綿貯繩牀木牀大小蓐
成者波逸提　若比丘作骨牙角針筒刳刮成者波逸提
若比丘作尼師壇當應量作是中量者長佛十二磔手廣一
一磔手半更增廣長各半磔手若過截竟波逸提
若比丘作覆瘡衣當應量作是中量者長佛四磔手裁竟
過者波逸提　若比丘作雨浴衣當應量作是中量者
長佛六磔手廣二磔手半裁竟過者波逸提
若比丘與如來等量作衣或過量作者波逸提是中如來

諸大徳我已說九十波逸提法今問諸大徳是中清淨不
諸大徳是中清淨默然故是事如是持
諸大徳是四波羅提提舍尼法半月半月說戒經中來
若比丘入村中從非親里比丘尼若無病自手取食食者波
是比丘應向餘比丘悔過言大徳我犯可呵法所不應為我
今向大徳悔過是法名悔過法　若比丘至白衣家內食
是中有比丘尼指示與某甲羹與某甲飯比丘應語彼比丘
尼如是言大姊且止須比丘食竟者是比丘應向餘比丘悔過言
大徳我犯可呵法所不應為我今向大徳悔過是法名悔過法
若比丘先作學家羯磨若比丘於如是學家先不請無病自
手受食食者是比丘應向餘比丘悔過言大徳我犯可呵法所不
為我今向大徳悔過是法名悔過法
若比丘在阿蘭若迥遠有疑恐怖處若比丘在阿
蘭若處住先不語檀越若僧伽藍外不受食在僧

若比丘在阿蘭若迥遠有疑恐怖處若比丘在阿
蘭若處住先不語檀越若僧伽藍外不受食在僧
內无病自手受食食者應向餘比丘悔過言大德我
犯可呵法所不應為我今向大德悔過是法名悔過法
大德我已說四波羅提提舍尼法今問大得是中清淨不
諸大德衆學戒法半月半月說戒經中來
當齊整著涅槃僧應當學　當齊整著三衣應當學
不得反抄衣行入白衣舍應當學　不得反抄衣入白衣舍坐應當
不得衣纏頸入舍應當學　不得衣纏頸入白舍坐應當學
不得覆頭入白衣舍應當學　不得覆頭入白衣舍坐應當學
不得跳行入白衣舍應當學　不得跳行入白衣舍坐應當學　十
不得白衣舍內蹲坐應當學　不得叉腰行入白衣舍應當學
不得叉腰行入衣白舍坐應當學　不得搖身行入白衣舍應當學
不得搖身行入白衣坐應當學　不得掉臂行入白衣舍應當學

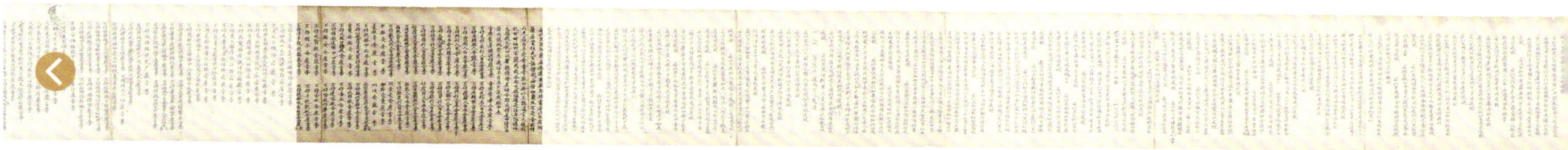

不得左右顧視行入白衣坐應當學
靜默入白衣舍應當學
靜默入白衣舍坐應當學
不得戲笑行入白衣舍應當學
不得戲笑行入白衣舍坐應當學
用意受食應當學
平鉢受食應當學
平鉢受羹應當學
羹飯等食應當學
以次食應當學
不得挑鉢中而食應當學
若比丘無病不得為己索羹飯應當學
不得以飯覆羹更望得應當學
不得視比坐鉢中食應當學
當繫鉢想食應當學
不得大摶飯食應當學
不得大張口待飯食應當學
不得含飯語應當學
不得摶飯遥擲口中應當學
不得遺落飯食應當學
不得頰食食應當學
不得嚼飯作聲應當學
不得大噏飯食應當學
不得舌舐食應當學
不得振手食應當學
不得手把散飯食應當學
不得污手捉飲器應當學
不得洗鉢水弃白衣舍內應當

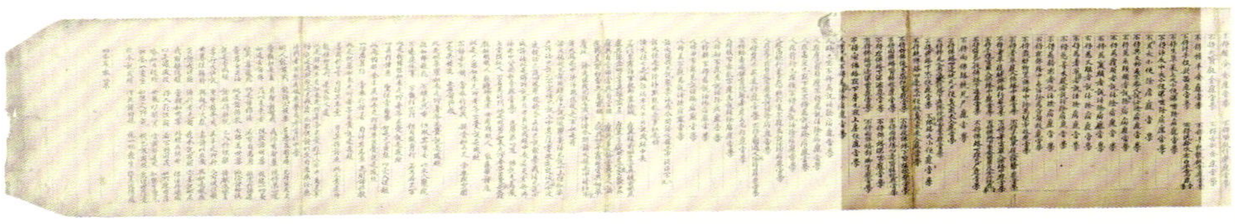

不得舐手食應當學　不得手把散飯食應當學
不得汙手捉飲器應當學　不得洗鉢水弃白衣舍內應當學
不得生草菜上大小便涕唾除病應當學
不得淨水中大小便涕唾除病應當學
不得立大小便除病應當學
不得與反抄衣不恭人說法除病應當學
不得為衣纏頸者說法除病應當學
不得為覆頭者說法除病應當學
不得為裹頭者說法除病應當學
不得為叉腰者說法除病應當學
不得為著草屣者說法除病應當學
不得為著木屐者說法除病應當學
不得為騎乘者說法除病應當學
不得在佛塔中止宿除為守護故應當學

不得著草屣繞佛塔行應當學　不得著富羅入佛塔中應當學
不得手提富羅入佛塔中應當學　不得佛塔下坐食留草及食汙地應當學
不得擔死尸從佛塔下過應當學　不得佛塔下埋死尸應當學
不得向佛塔燒死尸應當學
不得佛塔四邊燒死尸使臭氣來入應當學
不得持死人衣及牀從塔下過除浣染香薰應當學
不得在佛塔下大小便應當學　不得向佛塔大小便應當學
不得繞佛塔四邊大小便使臭氣來入應當學
不得持佛像至大小便處應當學　不得在佛塔下嚼楊枝應當學
不得向佛塔嚼楊枝應當學　不得向佛塔四邊嚼楊枝應當學
不得在佛塔下涕唾應當學　不得佛塔涕唾應當學
不得佛塔四邊涕唾應當學　不得向佛塔舒腳坐應當學
不得安佛塔在下房已在上房住應當學
人坐己立不得為說法除病應當學

不[illegible]學
人坐己立不得為說法除病應當學
人臥己坐不得為說法除病應當學
人在座己在非座不得為說法除病應當學
人在高座己在下坐不得為說法除病應當學
人在前行己在後不得為說法除病應當學
人在高經行處己在下經行處不應為說法除病應當學
人在道己在非道不應為說法除病應當學
不得攜手在道行應當學　不得上樹過人頭除時因緣應當學
不得絡囊盛鉢貫杖頭著肩上而行應當學
人持杖不恭敬不應為說法除病應當學
人持劍不應為說法除病應當學
人持鉾不得為說法除病應當學
人持刀不應為說法除病應當學

諸大德是中清淨默然故是事如是持
諸大德七是滅諍法半月半月說戒經中來
若比丘有諍事起即應除滅　應與現前毗尼當與現前毗尼
應與憶念毗尼當與憶念毗尼　應與不癡毗尼當與不癡毗尼
應與自言治當與自言治　應與多人語當與多人語
應與覓罪相當與覓罪相　應與如草覆地當與如草
覆地　諸大德我已說七滅諍法今問諸大德是中清淨不說
諸大德是中清淨默然故是事如是持
諸大德我已說戒經序已說四波羅夷法已說十三僧伽婆
尸沙法已說二不定法已說三十尼薩耆波逸提法已說九十波
逸提法已說四波羅提提舍尼法已說衆學戒法已說七
滅諍法此是佛所說半月半月說戒經中來若更有餘佛
法是中皆共和合應當學　忍辱第一道　佛說无為最
出家惱他人　不名為沙門　此是毗婆尸如來无所著等正覺說是戒經

出家惱他人　不名為沙門　此是毗婆尸如來无所著等正覺說是戒經
譬如明眼人　能避嶮惡道　世有聰明人　能遠離諸惡
此是尸棄如來无所著等正覺說是戒經
不謗亦不嫉　當奉行於戒　飲食知止足　常樂在空閑
心定樂精進　是名諸佛教
此是毗葉羅如來无所著等正覺說是戒經
譬如蜂採花　不壞色與香　但取其味去　比丘入聚然
不違戾他事　不觀作不作　但自觀身行　若正若不正
此是拘樓孫如來无所著等正覺說是戒經
心莫作諸惡　聖法當勤學　如是无憂愁　心定入涅槃
此是拘那含牟尼如來无所著等正覺說是戒經
一切惡莫作　當奉行諸善　自淨其志意　是則諸佛教
此是迦葉如來无所著等正覺說是戒經

此是釋迦牟尼如來无所著等正覺於十二年中為无事
僧說是戒經從是已後廣分別說諸比丘自為樂法樂
沙門者有慙有愧樂學戒者當於中學
明人能護戒　能得三種樂　名譽及利養　死得生天上
當觀如是處　有智勤護戒　戒淨有智慧　便得第一道
如過去諸佛　及以未來者　現在諸世尊　能勝一切憂
皆共尊敬戒　此是諸佛法　若有自為身　欲求於佛道
當尊重正法　此是諸佛教　七佛為世尊　滅除諸結使
說是七戒經　諸縛得解脫　已入於涅槃　諸戲永滅盡
尊行大仙說　聖賢稱譽戒　弟子之所行　入寂滅涅槃
世尊涅槃時　興起於大悲　集諸比丘眾　與如是教戒
莫謂我涅槃　淨行者无護　我今說戒經　亦善說毗尼
我雖般涅槃　當視如世尊　此經久住世　佛法得熾盛
以是熾盛故　得入於涅槃　若不持此戒　如所應布薩
喻如日沒時　世界皆闇冥　當護持是戒　如犛牛愛尾

喻如日沒時　世界皆闇冥　當護持是戒　如犛牛愛尾
和合一處坐　如佛之所說　我已說戒經　衆僧布薩竟
我今說戒經　所說諸功德　施一切衆生　皆共成佛道

四分戒本一卷

BD00405 大般若波羅蜜多經卷二四〇

（唐）玄奘 譯

399cm × 26.3cm

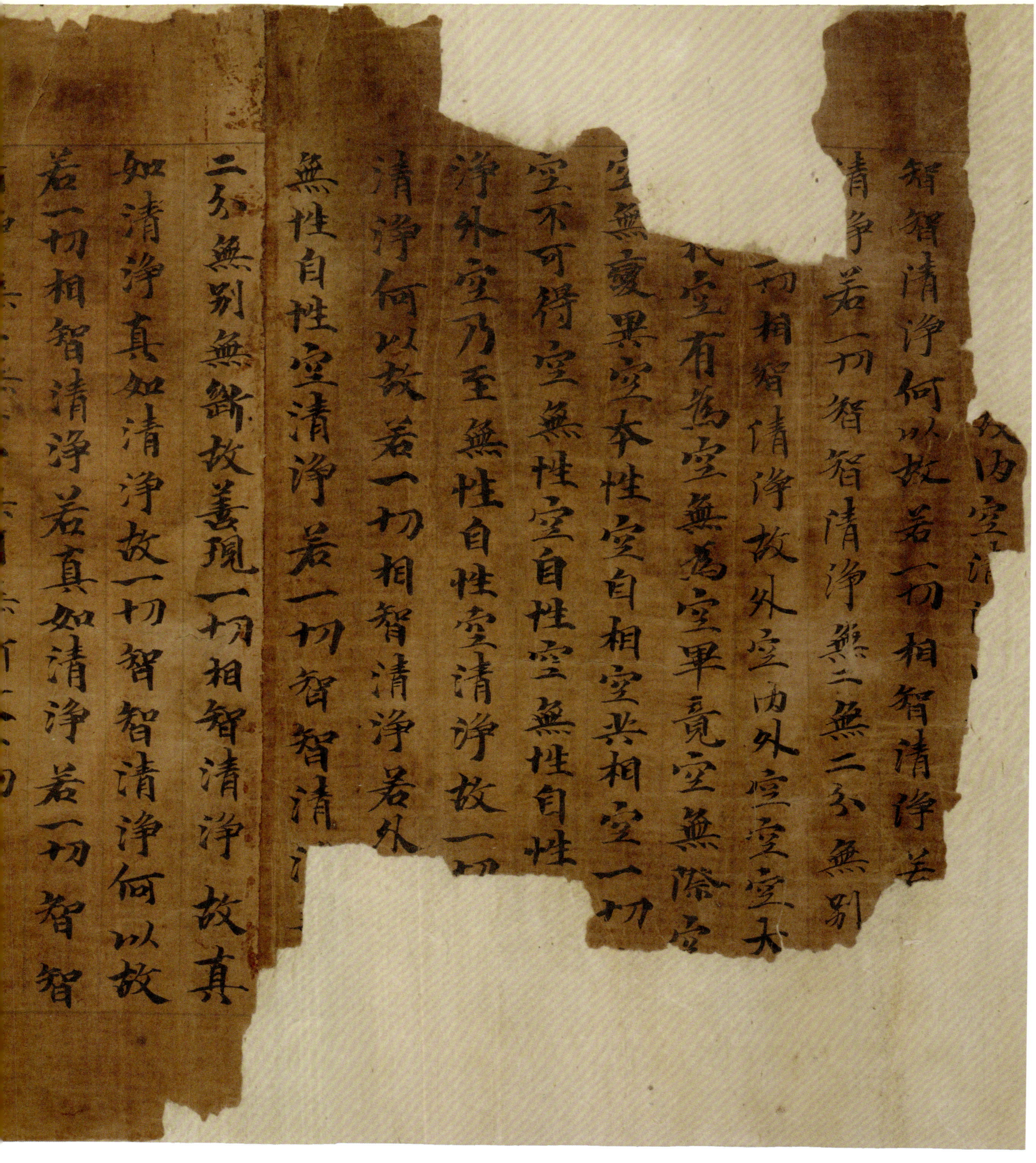

故内空清
智智清淨何以故若一切相智清淨若
清淨若一切智智清淨無二無二分無別
一切相智清淨故外空内外空空空大
義空有爲空無爲空畢竟空無際空
空無變異空本性空自相空共相空一切
空不可得空無性空自性空無性自性
淨外空乃至無性自性空清淨故一切
清淨何以故若一切相智清淨若外
無性自性空清淨若一切智智清
二分無別無斷故善現一切相智清淨故真
如清淨真如清淨故一切智智清淨何以故
若一切相智清淨若真如清淨若一切智智

離生性法定法住實際虛空界不思議界清
淨法界乃至不思議界清淨故一切智智清
淨何以故若一切相智清淨若法界乃至不
思議界清淨若一切智智清淨無二無二分
無別無斷故善現一切相智清淨故苦聖諦
清淨苦聖諦清淨故一切智智清淨何以故
若一切相智清淨若苦聖諦清淨若一切智
智清淨無二無二分無別無斷故一切相智
清淨故集滅道聖諦清淨集滅道聖諦清
淨故一切智智清淨何以故若一切相智清淨
若集滅道聖諦清淨若一切智智清淨無二
無二分無別無斷故善現一切相智清淨故四
靜慮清淨四靜慮清淨故一切智智清淨
何以故若一切相智清淨若四靜慮清淨若

何以故若一切相智清淨若四靜慮清淨若
一切智智清淨無二無二分無別無斷故一切
相智清淨故四無量四無色定清淨四無
量四無色定清淨故一切智智清淨何以故
若一切相智清淨若四無量四無色定清淨若
一切智智清淨無二無二分無別無斷故
善現一切相智清淨故八解脫清淨八解脫
清淨故一切智智清淨何以故若一切相智
清淨若八解脫清淨若一切智智清淨無二
無二分無別無斷故一切相智清淨故八勝
處九次第定十遍處清淨八勝處九次第定
十遍處清淨故一切智智清淨何以故若一
切相智清淨若八勝處九次第定十遍處清

住清淨故一切智智清淨何以故若一切相
智清淨若四念住清淨若一切智智清淨無
二無二分無別無斷故一切相智清淨故四
正斷四神足五根五力七等覺支八聖道支
清淨四正斷乃至八聖道支清淨故一切智
智清淨何以故若一切相智清淨若四正斷
乃至八聖道支清淨若一切智智清淨無二
無二分無別無斷故善現一切相智清淨故
空解脫門清淨空解脫門清淨故一切智智
清淨何以故若一切相智清淨若空解脫門
清淨若一切智智清淨無二無二分無別無
斷故一切相智清淨故無相無願解脫門清
淨無相無願解脫門清淨故一切智智清淨
何以故若一切相智清淨若無相無願解脫

BD00405　大般若波羅蜜多經卷二四〇

何以故若一切相智清淨若無相無願解脫
門清淨若一切智智清淨無二無二分無別
無斷故善現一切相智清淨故菩薩十地清
淨菩薩十地清淨故一切智智清淨何以故
若一切相智清淨若菩薩十地清淨若一切
智智清淨無二無二分無別無斷故
善現一切相智清淨故五眼清淨五眼清淨
故一切智智清淨何以故若一切相智清淨
若五眼清淨若一切智智清淨無二無二分
無別無斷故一切相智清淨故六神通清淨
六神通清淨故一切智智清淨何以故若一切
相智清淨若六神通清淨若一切智智清
淨無二無二分無別無斷故善現一切相智

清淨若一切智智清淨無二無二分無別無
斷故一切相智清淨故四無所畏四無礙解
大慈大悲大喜大捨十八佛不共法清淨四
無所畏乃至十八佛不共法清淨故一切智
智清淨何以故若一切相智清淨若四無所
畏乃至十八佛不共法清淨若一切智智清
清無二無二分無別無斷故善現一切相智
清淨故無忘失法清淨無忘失法清淨故一
切智智清淨何以故若一切相智清淨若無
忘失法清淨若一切智智清淨無二無二分無
別無斷故一切相智清淨故恒住捨性清
淨恒住捨性清淨故一切智智清淨何以故
若一切相智清淨若恒住捨性清淨若一切
智智清淨無二無二分無別無斷故善現一

智智清淨無二無二分無別無斷故善現一
切相智清淨故一切智清淨一切智清淨故
一切智智清淨何以故若一切相智清淨若一
切智清淨若一切智智清淨無二無二分
無別無斷故一切相智清淨故道相智清淨
道相智清淨故一切智智清淨何以故若一
切相智清淨若道相智清淨若一切智智清
淨無二無二分無別無斷故善現一切相智
清淨故一切陁羅尼門清淨一切陁羅尼門
清淨故一切智智清淨何以故若一切相智
清淨若一切陁羅尼門清淨若一切智智清
淨無二無二分無別無斷故一切相智清淨
故一切三摩地門清淨一切三摩地門清淨

二無二分無別無斷故
善現一切相智清淨故預流果清淨預流果
清淨故一切智智清淨何以故若一切相智清
淨若預流果清淨若一切智智清淨無二無
二分無別無斷故一切相智清淨故一來不
還阿羅漢果清淨一來不還阿羅漢果清
淨故一切智智清淨何以故若一切相智清
淨若一來不還阿羅漢果清淨若一切智智
清淨無二無二分無別無斷故善現一切相智
清淨故獨覺菩提清淨獨覺菩提清淨
故一切智智清淨何以故若一切相智清淨若
獨覺菩提清淨若一切智智清淨無二無二
分無別無斷故善現一切相智清淨故一切菩
薩摩訶薩行清淨一切菩薩摩訶薩行清

薩摩訶薩行清淨一切菩薩摩訶薩行清
淨故一切智智清淨何以故若一切相智清
淨若一切菩薩摩訶薩行清淨若一切智智
清淨無二無二分無別無斷故善現一切相
智清淨故諸佛無上正等菩提清淨諸佛無
上正等菩提清淨故一切智智清淨何以故
若一切相智清淨若諸佛无上正等菩提清
淨若一切智智清淨無二無二分無別無斷故
復次善現一切陁羅尼門清淨故色清淨色
清淨故一切智智清淨何以故若一切陁羅
尼門清淨若色清淨若一切智智清淨無二
無二分無別無斷故一切陁羅尼門清淨故
受想行識清淨受想行識清淨故一切智智

無斷故善現一切陁羅尼門清淨故眼處
清淨眼處清淨故一切智智清淨何以故若
一切陁羅尼門清淨若眼處清淨若一切智
智清淨無二無二分無別無斷故一切陁羅
尼門清淨故耳鼻舌身意處清淨耳鼻舌身
意處清淨故一切智智清淨何以故若一切
陁羅尼門清淨若耳鼻舌身意處清淨若一
切智智清淨無二無二分無別無斷故善現
一切陁羅尼門清淨故色處清淨色處清淨
故一切智智清淨何以故若一切陁羅尼門
清淨若色處清淨若一切智智清淨無二無
二分無別無斷故一切陁羅尼門清淨故聲
香味觸法處清淨聲香味觸法處清淨故
一切智智清淨何以故若一切陁羅尼門清淨

BD00405　大般若波羅蜜多經卷二四〇

一切智智清淨何以故若一切陁羅尼門清淨
若聲香味觸法處清淨若一切智智清淨無
二無二分無別無斷故善現一切陁羅尼門
清淨故眼界清淨眼界清淨故一切智智清
淨何以故若一切陁羅尼門清淨若眼界清
淨若一切智智清淨無二無二分無別無斷
故一切陁羅尼門清淨故色界眼識界及眼
觸眼觸為緣所生諸受清淨色界乃至眼觸
為緣所生諸受清淨故一切智智清淨何以
故若一切陁羅尼門清淨若色界乃至眼觸
為緣所生諸受清淨若一切智智清淨無二無
二分無別無斷故善現一切陁羅尼門清淨
故耳界清淨耳界清淨故一切智智清淨

一切陁羅尼門清淨故聲界耳識界及耳觸
耳觸為緣所生諸受清淨聲界乃至耳觸為
緣所生諸受清淨故一切智智清淨何以故
若一切陁羅尼門清淨若聲界乃至耳觸為
緣所生諸受清淨若一切智智清淨無二無
二分無別無斷故善現一切陁羅尼門清淨
故鼻界清淨鼻界清淨故一切智智清淨何
以故若一切陁羅尼門清淨若鼻界清淨若
一切智智清淨無二無二分無別無斷故一切
陁羅尼門清淨故香界鼻識界及鼻觸鼻
觸為緣所生諸受清淨香界乃至鼻觸為緣
所生諸受清淨故一切智智清淨何以故若
一切陁羅尼門清淨若香界乃至鼻觸為緣
所生諸受清淨若一切智智清淨無二無二

BD00405　大般若波羅蜜多經卷二四〇

所生諸受清淨若一切智智清淨無二無二
分無別無斷故善現一切陀羅尼門清淨故
舌界清淨舌界清淨故一切智智清淨何以
故若一切陀羅尼門清淨若舌界清淨若一切
智智清淨無二無二分無別無斷故一切陀
羅尼門清淨故味界舌識界及舌觸舌觸
為緣所生諸受清淨味界乃至舌觸為緣所
生諸受清淨故一切智智清淨何以故若一
切陀羅尼門清淨若味界乃至舌觸為緣所
生諸受清淨若一切智智清淨無二無二分
無別無斷故善現一切陀羅尼門清淨故身
界清淨身界清淨故一切智智清淨何以故
若一切陀羅尼門清淨若身界清淨若一切

緣所生諸受清淨觸界乃至身觸為緣所生
諸受清淨故一切智智清淨何以故若一切陁
羅尼門清淨若觸界乃至身觸為緣所生
諸受清淨若一切智智清淨無二無二分無別
無斷故善現一切陁羅尼門清淨故意界
清淨意界清淨故一切智智清淨何以故若
一切陁羅尼門清淨若意界清淨若一切智
智清淨無二無二分無別無斷故一切陁羅
尼門清淨故法界意識界及意觸意觸為
緣所生諸受清淨法界乃至意觸為緣所生
諸受清淨故一切智智清淨何以故若一切陁
羅尼門清淨若法界乃至意觸為緣所生諸
受清淨若一切智智清淨無二無二分無別
無斷故善現一切陁羅尼門清淨故地界清

無斷故善現一切陁羅尼門清淨故地界清
淨地界清淨故一切智智清淨何以故若一
切陁羅尼門清淨若地界清淨若一切智智
清淨無二無二分無別無斷故一切陁羅尼
門清淨故水火風空識界清淨水火風空識
界清淨故一切智智清淨何以故若一切陁
羅尼門清淨若水火風空識界清淨若一切
智智清淨無二無二分無別無斷故善現一
切陁羅尼門清淨故無明清淨無明清淨故
一切智智清淨何以故若一切陁羅尼門清
淨若無明清淨若一切智智清淨無二無二
分無別無斷故一切陁羅尼門清淨故行識
名色六處觸受愛取有生老死愁歎苦憂惱

行乃至老死愁歎苦憂惱清淨若一切智智
清淨無二無二分無別無斷故
善現一切陁羅尼門清淨故布施波羅蜜多
清淨布施波羅蜜多清淨故一切智智清淨
何以故若一切陁羅尼門清淨若布施波羅
蜜多清淨若一切智智清淨無二無二分無
別無斷故一切陁羅尼門清淨故淨戒安忍
精進靜慮般若波羅蜜多清淨淨戒乃至般
若波羅蜜多清淨故一切智智清淨何以故
若一切陁羅尼門清淨若淨戒乃至般若波
羅蜜多清淨若一切智智清淨無二無二分
無別無斷故善現一切陁羅尼門清淨故内
空清淨内空清淨故一切智智清淨何以故
若一切陁羅尼門清淨若内空清淨若一切

BD00405　大般若波羅蜜多經卷二四〇

若一切陁羅尼門清淨若内空清淨若一切
智智清淨無二無二分無別無斷故一切陁
羅尼門清淨故外空内外空空空大空勝義
空有為空無為空畢竟空無際空散空無變
異空本性空自相空共相空一切法空不可
得空無性空自性空無性自性空清淨外空
乃至無性自性空清淨故一切智智清淨何
以故若一切陁羅尼門清淨若外空乃至無
性自性空清淨若一切智智清淨無二無二分
無別無斷故善現一切陁羅尼門清淨故

BD00406 大般若波羅蜜多經卷三五六

（唐）玄奘 譯

716.6cm × 26cm

故善現菩薩
眼觸爲緣所生諸受不應住
耳鼻舌身意觸爲緣所生諸受何以故眼觸
爲緣所生諸受非能住非所住耳鼻舌身意
觸爲緣所生諸受亦非能住非所住故善現
是菩薩摩訶薩能與六種波羅蜜多常共相
應不相捨離善現若菩薩摩訶薩恒住是念
我不應住地界亦不應住水火風空識界何
以故地界非能住非所住水火風空識界亦
非能住非所住故善現是菩薩摩訶薩能與
六種波羅蜜多常共相應不相捨離善現若
菩薩摩訶薩恒住是念我不應住无明亦不
應住行識名色六處觸受愛取有生老死愁

現是菩薩摩訶薩能與六種波羅蜜多常共
相應不相捨離
善現若菩薩摩訶薩恒作是念我不應住布
施波羅蜜多亦不應住淨戒安忍精進靜慮
般若波羅蜜多何以故布施波羅蜜多非能
住非所住淨戒乃至般若波羅蜜多亦非能
住非所住故善現是菩薩摩訶薩能與六種
波羅蜜多常共相應不相捨離善現若菩薩
摩訶薩恒作是念我不應住內空亦不應住
外空內外空空空大空勝義空有為空无為
空畢竟空无際空散空无變異空本性空自
相空共相空一切法空不可得空无性空自性
空无性自性空何以故內空非能住非所
住外空乃至无性自性空亦非能住非所住

住外空乃至无性自性空亦非能住非所住
故善現是菩薩摩訶薩能與六種波羅蜜多
常共相應不相捨離善現若菩薩摩訶薩恒
作是念我不應住真如亦不應住法界法性
不虛妄性不變異性平等性離生性法定法
住實際虛空界不思議界何以故真如非能
住非所住法界乃至不思議界亦非能住非
所住故善現是菩薩摩訶薩能與六種波羅
蜜多常共相應不相捨離善現若菩薩摩訶
薩恒作是念我不應住苦聖諦亦不應住集
滅道聖諦何以故苦聖諦非能住非所住集
滅道聖諦亦非能住非所住故善現是菩薩
摩訶薩能與六種波羅蜜多常共相應不相
捨離善現若菩薩摩訶薩恒作是念我不應

亦非能住非所住故善現是菩薩摩訶薩能
與六種波羅蜜多常共相應不相捨離善現
若菩薩摩訶薩恒作是念我不應住八解脫
亦不應住八勝處九次第定十遍處何以故八
八解脫非能住非所住八勝處九次第定十
遍處亦非能住非所住故善現是菩薩摩訶
薩能與六種波羅蜜多常共相應不相捨離
善現若菩薩摩訶薩恒作是念我不應住四
念住亦不應住四正斷四神足五根五力七
等覺支八聖道支何以故四念住非能住非
所住四正斷乃至八聖道支亦非能住非所住
故善現是菩薩摩訶薩能與六種波羅蜜
多常共相應不相捨離善現若菩薩摩訶薩
恒作是念我不應住空解脫門亦不應住无

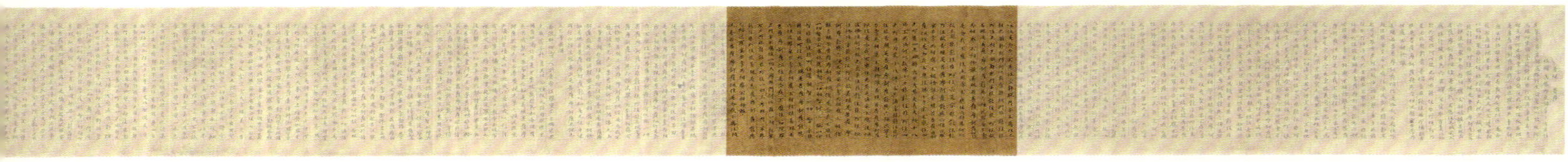

恒作是念我不應住空解脫門亦不應住无
相无願解脫門何以故空解脫門非能住非
所住无相无願解脫門亦非能住非所住故
善現是菩薩摩訶薩能與六種波羅蜜多常
共相應不相捨離善現若菩薩摩訶薩恒作
是念我不應住五眼亦不應住六神通何以
故五眼非能住非所住六通亦非能住非
所住故善現是菩薩摩訶薩能與六種波羅
蜜多常共相應不相捨離善現若菩薩摩訶
薩恒作是念我不應住佛十力亦不應住四
无所畏四无礙解大慈大悲大喜大捨十八
佛不共法何以故佛十力非能住非所住四
无所畏乃至十八佛不共法亦非能住非所
住故善現是菩薩摩訶薩能與六種波羅蜜

住捨性何以故无忘失法非能住非所住恒
住捨性亦非能住所住故善現是菩薩摩
訶薩能與六種波羅蜜多常共相應不相捨
離善現若菩薩摩訶薩恒住是念我不應住
一切智亦不應住道相智一切相智何以故一切
智非能住非所住道相智一切智亦非
能住非所住故善現是菩薩摩訶薩能與
六種波羅蜜多常共相應不相捨離善現若
菩薩摩訶薩恒住是念我不應住一切陁羅
尼門亦不應住一切三摩地門何以故一切陁羅
羅尼門非能住非所住一切三摩地門亦非
能住非所住故善現是菩薩摩訶薩能與
六種波羅蜜多常共相應不相捨離
現善若菩薩摩訶薩恒住是念我不應住預

現善若菩薩摩訶薩恒作是念我不應住預
流果亦不應住一来不還阿羅漢果何以故
預流果非能住非所住一来不還阿羅漢果
亦非能住非所住故善現是菩薩摩訶薩能
與六種波羅蜜多常共相應不相捨離善現
若菩薩摩訶薩恒作是念我不應住獨覺菩
提何以故獨覺菩提非能住非所住故善現
是菩薩摩訶薩能與六種波羅蜜多常共相
應不相捨離善現若菩薩摩訶薩恒作是念
我不應住一切菩薩摩訶薩行何以故一切
菩薩摩訶薩行非能住非所住故善現是菩
薩摩訶薩能與六種波羅蜜多常相應不
相捨離善現若菩薩摩訶薩恒作是念我不
應住諸佛无上正等菩提何以故諸佛无上

[illegible]
離善現若菩薩摩訶薩能以如是无住方便
隨行六種波羅蜜多是菩薩摩訶薩速證无
上正等菩提
善現譬如有人欲食菴沒羅果半娜娑果
先取其子於良美地而種殖之隨時溉灌守
護營理漸次生長牙莖枝葉時節和合便有
花果成熟已取而食之如是善現菩薩摩
訶薩欲得无上正等菩提先學六種波羅蜜
多復於有情或以布施或以愛語或以利行
或以同事而攝受之既攝受已教令安住布
施淨戒安忍精進靜慮般若波羅蜜多既安
住已解脫一切生老病死證得常住畢竟安
樂菩薩如是當得无上正等菩提轉妙法輪
度无量衆是故善現若菩薩摩訶薩欲於諸
法不隨他緣而自證解欲以化導一切有情

法不藉他緣而自悟解欲能成熟一切有情
欲於佛土能善嚴淨欲疾安坐妙菩提座欲
能降伏一切魔軍欲速證得一切智智欲轉法
輪脫有情類生老病死當學六種波羅蜜
多以四攝事方便攝受諸有情類菩薩如是
勤脩學時應於般若波羅蜜多常勤脩學
尒時具壽善現白佛言世尊佛說菩薩摩訶
薩應於般若波羅蜜多常勤學耶佛言善現
如是如是我說菩薩摩訶薩應於般若波羅
蜜多常勤脩學善現若菩薩摩訶薩欲於諸
法得大自在當學般若波羅蜜多何以故善現
甚深般若波羅蜜多能令菩薩於一切法得
自在故復次善現甚深般若波羅蜜多是
諸善法生長方便所趣向門辟如大海是諸寶

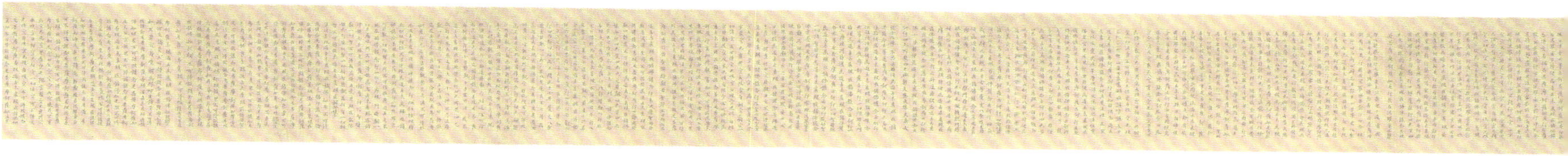

所趣向門是故善現求聲聞乘補特伽羅求
獨覺乘補特伽羅求菩薩乘補特伽羅皆當
於此甚深般若波羅蜜多常勤脩學善現諸
菩薩摩訶薩於此般若波羅蜜多勤脩學時
應勤脩學布施波羅蜜多應勤脩學淨戒安
忍精進靜慮般若波羅蜜多應勤安住內空應
勤安住外空內外空空空大空勝義空有
為空无為空畢竟空无際空散空无變異空
本性空自相空共相空一切法空不可得空
无性空自性空无性自性空應勤安住如
應勤安住法界法性不虛妄性不變異性平
等性離生性法定法住實際虛空界不思議
界應勤安住苦聖諦應勤安住集滅道聖諦
應勤脩學四靜慮應勤脩學四无量四无色

應勤修學四靜慮應勤修學四无量四无色
定應勤脩學八解脫應勤脩學八勝處九次第
定十遍處應勤脩學四念住應勤脩學四正
斷四神足五根五力七等覺支八聖道支應
應勤脩學空解脫門應勤脩學无相无願解
脫門應勤修學五眼應勤修學六神通應勤
脩學佛十力應勤修學四无所畏四无礙解大
慈大悲大喜大捨十八佛不共法應勤脩
學无忘失法應勤修學恒住捨性應勤脩學
一切陁羅尼門應勤修學一切三摩地門應
勤修學一切智應勤修學道於智一切相智
善現如善射人甲冑堅固執好弓箭不堪怨
敵菩薩摩訶薩亦復如是攝受般若波羅蜜
多攝受靜慮精進安忍淨戒布施波羅蜜多

畢空本性空自相空共相空一切法空不可得
空无性空自性空无性自性空攝受真如
攝受法界法性不虛妄性不變異性平等性
離生性法定法住實際虛空界不思議界攝
受苦聖諦攝受集滅道聖諦攝受四靜慮攝
受四无量四无色定攝受八解脫攝受八勝
處九次第定十遍處攝受四念住攝受四正
斷四神足五根五力七等覺支八聖道支攝
受空解脫門攝受无相无願解脫門攝受五
眼攝受六神通攝受佛十力攝受四无所畏
四无礙解大慈大悲大喜大捨十八佛不共
法攝受无忘失法攝受恒住捨性攝受一切
陀羅尼門攝受一切三摩地門攝受一切智
攝受道相智一切相智攝受如是諸功德時

攝受道相智一切相智攝受如是諸功德時
皆以般若波羅蜜多而為方便由此因緣一
切魔軍及外道他論皆不能伏是故善現若菩
薩摩訶薩欲證无上正等菩提常勤修學
深般若波羅蜜
善現若菩薩摩訶薩如是行般若波羅蜜多
時便為過去未來現在諸佛護念時具壽善
現白佛言世尊云何菩薩摩訶薩如是行般
若波羅蜜多時便為過去未來現在諸佛護
念佛言善現若菩薩摩訶薩如是行般若波
羅蜜多時能行布施波羅蜜多能行淨戒安
忍精進靜慮般若波羅蜜多故為過去未來
現在諸佛護念善現若菩薩摩訶薩如是行
般若波羅蜜多時能行内空能行外空内外空
空空大空勝義空有為空无為空畢竟空

自性空故為過去未來現在諸佛護念善現
若菩薩摩訶薩如是行般若波羅蜜多時能
行真如能行法界法性不虛妄性不變異性
平等性離生性法定法住實際虛空界不思
議界故為過去未來現在諸護念善現若
菩薩摩訶薩如是行般若波羅蜜多時能行
苦聖諦能行集滅道聖諦故為過去未來現
在諸佛護念善現若菩薩摩訶薩如是行般
若波羅蜜多時能行四靜慮能行四無量四
無色定故為過去未來現在諸佛護念善現
若菩薩摩訶薩如是行般若波羅蜜多時能
行八解脫能行八勝處九次第定十遍處故
為過去未來現在諸佛護念善現若菩薩摩
訶薩如是行般若波羅蜜多能行四念住

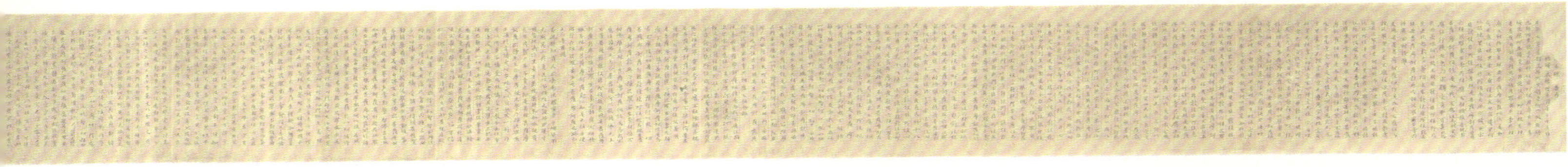

爲過去未來現在諸佛護念善現若菩薩摩
訶薩如是行般若波羅蜜多能行四念住
能行四正斷四神足五根五七等學支八聖
道支故爲過去未來現在諸佛護念善現
若菩薩摩訶薩如是行般若波羅蜜多時能
行空解脫門能行无相无願解脫門故爲過
去未來現在諸佛護念善現若菩薩摩訶薩
如是行般若波羅蜜多時能行五眼能行六
神通故爲過去未來現在諸佛護念善現若
菩薩摩訶薩如是行般若波羅蜜多時能行
佛十力能行四无所畏四无礙解大慈大悲
大喜大捨十八佛不共法故爲過去未來現
在諸佛護念善現若菩薩摩訶薩如是行般
若波羅蜜多時能行无忘失法能行恒住捨
性故爲過去未來現在諸佛護念善現若菩

未来現在諸佛讚念善現若菩薩摩訶薩如
是行般若波羅蜜多時能行一切智能行道相
智一切相智故爲過去未来現在諸佛讚念
具壽善現復白佛言世尊是菩薩摩訶薩
云何行布施波羅蜜多時便爲過去未来現
在諸佛讚念云何行淨戒安忍精進靜慮般
若波羅蜜多時便爲過去未来現在諸佛讚
念世尊是菩薩摩訶薩云何行内空時便爲
過去未来現在諸佛讚念云何外空内外
空空空大空勝義空有爲空无爲空畢竟空
无際空散空无變異空本性空自相空共相
空一切法空不可得空无性空自性空无性
自性空時便爲過去未来現在諸佛讚念世
尊是菩薩摩訶薩云何行真如時便爲過去

BD00406　大般若波羅蜜多經卷三五六

道是菩薩摩訶薩云何行真如時便為過去
未来現在諸佛讚念云何法界法性不虛
妄性不變異性平等性離生性法定法住實
際虛空界不思議界時便為過去未来現在
諸佛讚念世尊是菩薩摩訶薩云何行苦聖
諦時便為過去未来現在諸佛讚念云何行
集滅道聖諦時便為過去未来現在諸佛讚
念世尊是菩薩摩訶薩云何行四靜慮時便
為過去未来現在諸佛讚念云何行四无量
四无色定時便為過去未来現在諸佛讚念
世尊是菩薩摩訶薩云何行八解脫時便為
過去未来現在諸佛讚念何行八勝處九
次苐定十遍處時便為過去未来現在諸佛
讚念世尊是菩薩摩訶薩云何行四念住時

便為過去未來現在諸佛護念世尊是菩薩
摩訶薩云何行空解脫門時為過去未來
現在諸佛護念云何行无相无願解脫門時
便為過去未來現在諸佛護念世尊是菩薩
摩訶薩云何行五根時便為過去未來現在
諸佛護念云何行六神通時便為過去未來
現在諸佛護念世尊是菩薩摩訶薩云何行
佛十力時便為過去未來現在諸護佛念云
何行四无所畏四无礙解大慈大悲大喜大
捨十八佛不共法時便為過去未來現在諸
佛護念世尊是菩薩摩訶薩云何行无忘失
法時便為過去未來現在諸佛護念云何行
恒住捨性時便為過去未來現在諸佛護念
世尊是菩薩摩訶薩云何行一切陁羅尼門

恒住捨性時便爲過去未來現在諸佛讚念
世尊是菩薩摩訶薩云何行一切陁羅尼門
時便爲過去未來現在諸佛讚念云何行一
切二摩地門時便爲過去未來現在諸佛讚
念世尊是菩薩摩訶薩云何行一切智時便
爲過去未來現在諸佛讚念云何行道相智
一切相智時便爲過去未來現在諸佛讚念
佛言善現是菩薩摩訶薩行布施波羅蜜多
時觀布施波羅蜜多不可得故爲過去未來
現在諸佛讚念行淨戒安忍精進靜慮般若
波羅蜜多時觀淨戒乃至般若波羅蜜多不
可得故爲過去未來現在諸讚念善現是
菩薩摩訶薩行內空時觀內空不可得故爲
過去未來現在諸佛讚念行外空內外空空
空大空勝義空有爲空无爲空畢竟空无際

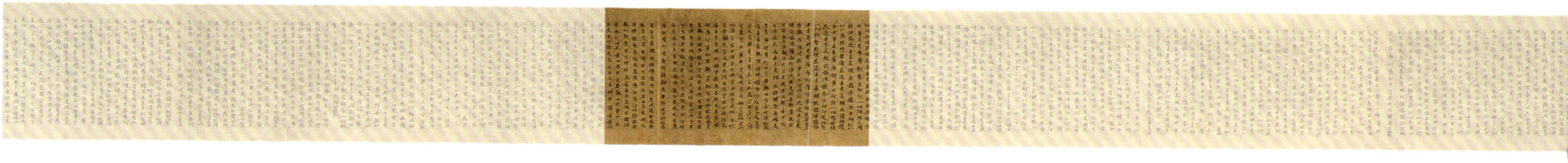

空時觀外空乃至无性自性空不可得故為
過去未來現在諸佛護念善現是菩薩摩
訶薩行真如時觀真如不可得故為過去
來現在諸佛護念行法界法性不虛妄性不變
異性平等性離生性法定法住實際虛空界
不思議界時觀法界乃至不思議界不可得
故為過去未來現在諸佛護念善現是菩薩
摩訶薩行苦聖諦時觀苦聖諦不可得故為
過去未來現在諸佛護念行集滅道聖諦時
觀集滅道聖諦不可得故為過去未來現在
諸佛護念善現是菩薩摩訶薩行四靜慮時
觀四靜慮不可得故為過去未來現在諸佛
護念行四无量四无色定時觀四无量四无
色定不可得故為過去未來現在諸佛護念

讃念行四无量四无色定時觀四无量四无
色定不可得故爲過去未來現在諸佛讃念
善現是菩薩摩訶薩行八解脫時觀八解脫
不可得故爲過去未來現在諸佛讃念行八
勝處九次第定十遍處時觀八勝處九次第
定十遍處不可得故爲過去未來現在諸佛
讃念善現是菩薩摩訶薩行四念住時觀四
念住不可得故爲過去未來現在諸佛讃念
行四正斷四神足五根五力七等覺支八聖
道支時觀四正斷乃至八聖道支不可得故
爲過去未來現在諸佛讃念善現是菩薩摩
訶薩行空解脫門時觀空解脫門不可得故
爲過去未來現在諸佛讃念行无相无願解
脫門時觀无相无願解脫門不可得故爲過
去未來現在諸佛讃念善現是菩薩摩訶薩

故爲過去未來現在諸佛護念善現是菩薩
摩訶薩行佛十力時觀十力不可得故爲
過去未來現在諸佛護念行四无所畏四无
礙解大慈大悲大喜大捨十八佛不共法時
觀四无所畏乃至十八佛不共法不可得故
爲過去未來現在諸佛護念善現是菩薩摩
訶薩行无忘失法時觀無忘失法不可得故
爲過去未來現在諸佛護念行恒住捨性時
觀恒住捨性不可得故爲過去未來現在諸
佛護念善現是菩薩摩訶薩行一切陁羅尼
門時觀一切陁羅尼門不可得故爲過去未來
現在諸佛護念行一切三摩地門時觀一
切三摩地門不可得故爲過去未來現在諸
佛護念善現是菩薩摩訶薩行一切智時

切三摩地門不可得故為過去未來現在諸
佛護念善現是菩薩摩訶薩行一切智時
觀一切智不可得故為過去未來現在諸佛
護念行道相智一切相智時觀道相智一切相
智不可得故為過去未來現在諸佛護念
復次善現過去未來現在諸佛如色不可得
故護念是菩薩摩訶薩如受想行識不可得
故護念是菩薩摩訶薩善現過去未來現在
諸佛如眼處不可得故護念是菩薩摩訶薩
如耳鼻舌身意處不可得故護念是菩薩摩
訶薩善現過去未來現在諸佛如色處不可
得故護念是菩薩摩訶薩如聲香味觸法處
可不得故護念是菩薩摩訶薩善現過去未
來現在諸佛如眼界不可得故護念是菩薩
摩訶薩如耳鼻舌身意界不可得故護念是

觸法界不可得故讚念是菩薩摩訶薩善現
過去未來現在諸佛如眼識界不可得故讚
念是菩薩摩訶薩如耳鼻舌身意識界不可
得故讚念是菩薩摩訶薩善現過去未來現
在諸佛如眼觸不可得故讚念是菩薩摩訶
薩如耳鼻舌身意觸不可得故讚念是菩薩
摩訶薩善現過去未來現在諸佛如眼觸爲
緣所生諸受不可得故讚念是菩薩摩訶薩
如耳鼻舌身意觸爲緣所生諸受不可得
故讚念是菩薩摩訶薩善現過去未來現在諸
佛如地界不可得故讚念是菩薩摩訶薩如
水火風空識界不可得故讚念是菩薩摩訶
薩善現過去未來現在諸佛如无明不可得
故讚念是菩薩摩訶訶薩如行識名色六處觸

薩善現過去未來現在諸佛如无明不可得
故讃念是菩薩摩訶薩如行識名色六處觸
受愛取有生老死愁歎苦憂惱不可得故讃
念是菩薩摩訶薩善現過去未來現在諸佛
如布施波羅蜜多不可得故讃念是菩薩摩
訶薩如淨戒安忍精進靜慮般若波羅蜜多
可不得故讃念是菩薩摩訶薩善現過去未
來現在諸佛如內空不可得故讃念是菩薩
摩訶薩如外空內外空空空大空勝義空有
為空无為空畢竟空无際空散空无變異空
本性空自相空共相空一切法空可不得空
无性空自性空无性自性空不可得故讃念
是菩薩摩訶薩善現過去未來現在諸佛如
真如不可得故讃念是菩薩摩訶薩如法界
法性不虛妄性不變異性平等性離生性法

如苦聖諦不可得故讃念是菩薩摩訶薩如
集滅道聖諦不可得故讃念是菩薩摩訶薩
善現過去未来現在諸佛如四静慮可不行
故讃念是菩薩摩訶薩如四无量四无色定
可不得故讃念是菩薩摩訶薩善現過去
来現在諸佛如八解脫不可得故讃念是菩
薩摩訶薩如八勝處九次第十遍處不可
得故讃念是菩薩摩訶薩善現過去未来現
在諸佛如四念住不可得故讃念是菩薩摩
訶薩如四正斷四神足五根五力七等覺支
八聖道支不可得故讃念是菩薩摩訶薩善
現過去未来現在諸佛如空解脫門不可得
故讃念是菩薩摩訶薩如无相无願解脫門
不可得故讃念是菩薩摩訶薩善現過去

BD00406　大般若波羅蜜多經卷三五六

故護念是菩薩摩訶薩如无相无願解脫門
不可得故護念是菩薩摩訶薩善現過去
未現在諸佛如五眼不可得故護念是薩薩
摩訶薩如六神通不可得故護念是菩薩摩
訶薩善現過去未来現在諸佛如佛十力不
可得故護念是菩薩摩訶薩如四无所畏四
无礙解大慈大悲大喜大捨十八佛不共法
不可得故護念是菩薩摩訶薩善現過去未
来現在諸佛如无忘失法不可得故護念是
菩薩摩訶薩如恒住捨性不可得故護念是
菩薩摩訶薩善現過去未来現在諸佛如一
切智不可得故護念是菩薩摩訶薩如道相
智一切相智不可得故護念是菩薩摩訶薩
善現過去未来現在諸佛如一切陁羅尼門
不可得故護念是菩薩摩訶薩如一切三摩

是菩薩摩訶薩如一來不還阿羅漢果不可
得故護念是菩薩摩訶薩善現過去未來現
在諸佛如獨覺菩提不可得護念是菩薩
摩訶薩善現過去未來現在諸佛如一切菩
薩摩訶薩行不可得故護念是菩薩摩訶薩
善現過去未來現在諸佛如諸佛无上正等
菩提不可得故護念是菩薩摩訶薩
復次善現過去未來現在諸佛不以色故護
念是菩薩摩訶薩不以受想行識故護念是
菩薩摩訶薩善現過去未來現在諸佛不以
眼處故護念是菩薩摩訶薩不以耳鼻舌身
意處故護念是菩薩摩訶薩善現過去未來
現在諸佛不以色處故護念是菩薩摩訶薩
不以聲香味觸法處故護念是菩薩摩訶薩

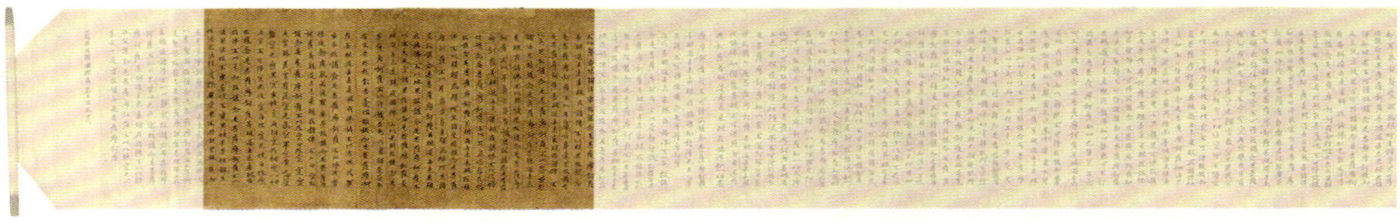

不以聲香味觸法處故讚念是菩薩摩訶薩
善現過去未來現在諸佛不以眼界故讚念
是菩薩摩訶薩不以耳鼻舌身意界故讚念
是菩薩摩訶薩善現過去未來現在諸佛 不
以色界故讚念是菩薩摩訶薩不以聲香味
觸法界故讚念是菩薩摩訶薩善現過去未
來現在諸佛不以眼識界故讚念是菩薩摩
訶薩不以耳鼻舌身意識界故讚念是菩薩
摩訶薩善現過去未來現在諸佛不以眼觸
故讚念是菩薩摩訶薩不以耳鼻舌身意觸
故讚念是菩薩摩訶薩善現過去未來現在諸
佛不以眼觸為緣所生諸受故讚念是菩薩
摩訶薩不以耳鼻舌身意觸為緣所生諸
受故讚念是菩薩摩訶薩善現過去未來現
在諸佛不以地界故讚念是菩薩摩訶薩不

菩薩摩訶薩不以行識名色六處觸受愛取
有生老死愁歎苦憂惱故護念是菩薩摩訶
薩善現過去未來現在佛諸不以布施波羅
蜜多故護念是菩薩摩訶薩不以淨戒安忍
精進靜慮般若波羅蜜多故護念是菩薩摩
訶薩善現過去未來現在諸佛不以內空故
護念是菩薩摩訶薩不以外空內外空空空
大空勝義空有為空无為空畢竟空无際空
散空无變異空本性空自相空共相空一切
法空不可得空无性空自性空无性自性空
故護念是菩薩摩訶薩善現過去未來現在
諸佛不以真如故護念是菩薩摩訶薩不以
法界法性不虛妄性不變異性平等性離生
性法定法住實際虛空界不思議界故護念

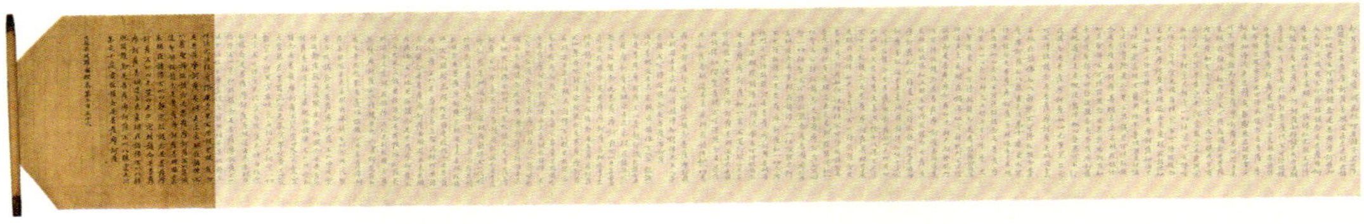

性法定法住實際虛空界不思議界故護念
是菩薩摩訶薩善現去未來現在諸佛不
以苦聖諦故護念是菩薩摩訶薩不以集滅
道聖諦故護念是菩薩摩訶薩善現過去未
來現在諸佛不以四靜慮故護念是菩薩摩
訶薩不以四无量四无色定故護念是菩薩
摩訶薩善現過去未來現在諸佛不以八解
脫故護念是菩薩摩訶薩不以八勝處九次
第定十遍處故護念是菩薩摩訶薩

大般若波羅蜜經卷第三百五十六

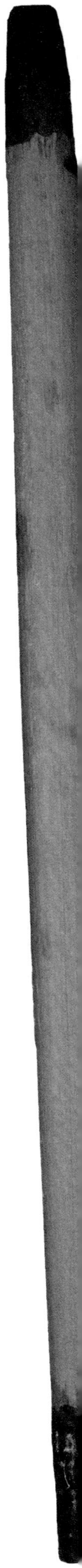

BD00407 金剛般若波羅蜜經

（後秦）鳩摩羅什 譯

376cm × 26cm

是故須菩提諸菩薩摩訶薩應如是生
心不應住色生心不應住聲香味觸法
應无所住而生其心須菩提譬如有人
須弥山王於意云何是身為
甚大世尊何以故佛說非身
須菩提如恒河中所有沙數如
於意云何是諸恒河沙寧為多不
甚多世尊但諸恒河尚多无數何況其沙須
菩提我今實言告汝若有善男子善女人
七寶滿尒所恒河沙數三千大千世界以用
布施得福多不須菩提言甚多世尊佛告
須菩提若善男子善女人於此經中乃至受持四
句偈等為他人說而此福德勝前福德

塔廟何況有人盡能受持讀誦須菩提當知
是人成就最上第一希有之法若是經典所
在之處則為有佛若尊重弟子
尒時須菩提白佛言世尊當何名此經我等
云何奉持佛告須菩提是經名為金剛般若
波羅蜜以是名字汝當奉持所以者何須菩
提佛說般若波羅蜜則非般若波羅蜜須菩
提於意云何如來有所說法不須菩提白佛
言世尊如來无所說須菩提於意云何三千
大千世界所有微塵是為多不須菩提言甚
多世尊須菩提諸微塵如來說非微塵是
名微塵如來說世界非世界是名世界須菩提
於意云何可以三十二相見如來不不也世

BD00407　金剛般若波羅蜜經

於意云何可以三十二相見如來不不也世
尊不可以三十二相得見如來何以故如來
說三十二相即是非相是名三十二相
須菩提若有善男子善女人以恒河沙等身
命布施若復有人於此經中乃至受持四句
偈等為他人說其福甚多
尒時須菩提聞說是經深解義趣涕淚悲
泣而白佛言希有世尊佛說如是甚深經典我
從昔來所得慧眼未曾得聞如是之經世尊
若復有人得聞是經信心清淨則生實相當
知是人成就第一希有功德世尊是實相者
則是非相是故如來說名實相世尊我今得
聞如是經典信解受持不足為難若當來世

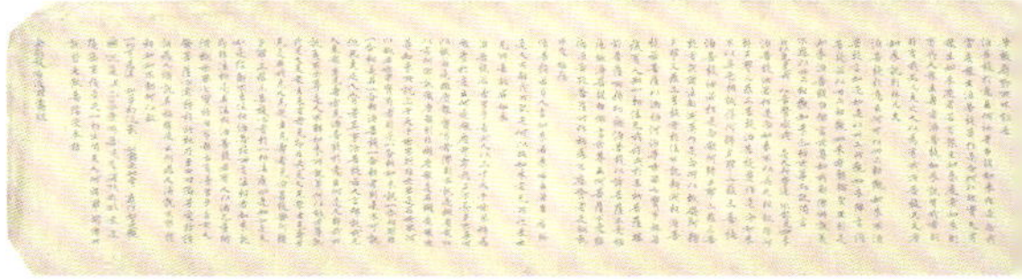

生相壽者相所以者何我相即是非相人相衆
生相壽者相即是非相何以故離一切諸相則是諸佛
佛告須菩提如是如是若復有人得聞是經不
驚不怖不畏當知是人甚為希有何以故須菩提如
來說第一波羅蜜非第一波羅蜜是名第一波羅蜜
須菩提忍辱波羅蜜如來說非忍辱波羅蜜
何以故須菩提如我昔為歌利王割截身體
我於尒時无我相无人相无衆生相无壽者
相何以故我於往昔節節支解時若有我相
人相衆生相壽者相應生瞋恨須菩提又念
過去於五百世作忍辱仙人於尒所世无我
相无人相无衆生相无壽者相是故須菩提
菩薩應離一切相發阿耨多羅三藐三菩提
心不應住色生心不應住聲香味觸法生心

心不應住色生心不應住聲香味觸法生心
應生无所住心若心有住則為非住是故佛
說菩薩心不應住色布施須菩提菩薩為
利益一切衆生應如是布施如來說一切諸相
即是非相又說一切衆生則非衆生
須菩提如來是真語者實語者如語者不誑語
者不異語者須菩提如來所得法此法无實无虛
須菩提若菩薩心住於法而行布施如人入闇則无
所見若菩薩心不住法而行布施如人有目日光明照見
種種色
須菩提當來之世若有善男子善女人能於此
經受持讀誦則為如來以佛智慧悉知是人悉
見是人皆得成就无量无邊功德

日分亦以恒河沙等身布施如是无量百
千万億劫以身布施若復有人聞此經典信
心不逆其福勝彼何況書寫受持讀誦為人解說
須菩提以要言之是經有不可思議不可稱量无
邊功德如來為發大乘者說為發最上乘者
說若有人能受持讀誦廣為人說如來悉知
是人悉見是人皆得成就不可量不可稱无有
邊不可思議功德如是人等則為荷擔如來
阿耨多羅三藐三菩提何以故須菩提若樂小
法者著我見人見衆生見壽者見則於此經不能聽
受讀誦為人解說須菩提在在處處若有此經一
切世間天人阿脩羅所應供養當知此處則為是塔
皆應恭敬作礼圍遶以諸華香而散其處
復次須菩提善男子善女人受持讀誦此經若

BD00407　金剛般若波羅蜜經

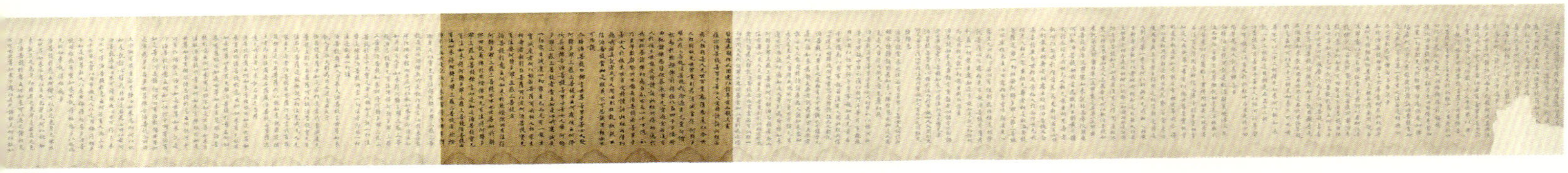

皆應恭敬作礼圍遶以諸華香而散其處
復次須菩提善男子善女人受持讀誦此經若
為人輕賤是人先世罪業應墮惡道以今世
人輕賤故先世罪業則為消滅當得阿耨多
羅三藐三菩提須菩提我念過去无量阿僧
祇劫於然燈佛前得值八百四千万億那
由他諸佛悉皆供養承事无空過者若復有
人於後末世能受持讀誦此經所得功德於
我所供養諸佛功德百分不及一千万億分
乃至筭數譬喻所不能及須菩提若善男子
善女人於後末世有受持讀誦此經所得功
德我若具說者或有人聞心則狂亂狐疑不
信須菩提當知是經義不可思議果報亦不

阿耨多羅三藐三菩提心云何應住云何降
伏其心佛告須菩提善男子善女人發阿耨
多羅三藐三菩提者當生如是心我應滅度
一切衆生滅度一切衆生已而无有一衆生
實滅度者何以故若菩薩有我相人相衆生
相壽者相則非菩薩所以者何須菩提實无
有法發阿耨多羅三藐三菩提者
須菩提於意云何如來於然燈佛所有法得
阿耨多羅三藐三菩提不不也世尊如我解
佛所說義佛於然燈佛所无有法得阿耨多
羅三藐三菩提佛言如是如是須菩提實无
有法如來得阿耨多羅三藐三菩提須菩提若
有法如來得阿耨多羅三藐三菩提者然燈
佛則不與我受記汝於來世當得作佛号釋

BD00407　金剛般若波羅蜜經

佛則不與我受記汝於來世當得作佛号釋
迦牟尼以實无有法得阿耨多羅三藐三菩
提是故然燈佛與我受記作是言汝於來世當
得作佛号釋迦牟尼何以故如來者即諸法如
如義若有人言如來得阿耨多羅三藐三菩
提須菩提實无有法佛得阿耨多羅三藐
三菩提須菩提如來所得阿耨多羅三藐三
菩提於是中无實无虛是故如來說一切法
皆是佛法須菩提所言一切法者即非一切
法是故名一切法
須菩提譬如人身長大須菩提言世尊如來
說人身長大則為非大身是名大身
須菩提菩薩亦如是若作是言我當滅度无

衆生无壽者須菩提若菩薩作是言我當莊
嚴佛土是不名菩薩何以故如来說莊嚴佛
土者即非莊嚴是名莊嚴須菩提若菩薩通
達无我法者如来說名真是菩薩
須菩提於意云何如来有肉眼不如是世尊如
来有肉眼須菩提於意云何如来有天眼不
如是世尊如来有天眼須菩提於意云何如
来有慧眼不如是世尊如来有慧眼須菩
提於意云何如来有法眼不如是世尊如来有
法眼須菩提於意云何如来有佛眼不如是
世尊如来有佛眼須菩提於意云何恒河中
所有沙佛說是沙不如是世尊如来說是
沙須菩提於意云何如一恒河中所有沙有
如是等恒河是諸恒河所有沙數佛世界如

沙須菩提於意云何如一恒河中所有沙有
如是等恒河是諸恒河所有沙數佛世界如
是寧為多不甚多世尊佛告須菩提尒所國
土中所有衆生若干種心如来悉知何以故
如来説諸心皆為非心是名為心所以者何
須菩提過去心不可得現在心不可得未来
心不可得須菩提於意云何若有人滿三千
大千世界七寶以用布施是人以是因緣得福多
不如是世尊此人以是因緣得福甚多須菩
提若福德有實如来不説得福德多以福德
无故如来説得福德多
須菩提於意云何佛可以具足色身見不不
也世尊如来不應以具足色身見何以故如

不不世世尊如來不應以具足諸相見何以故如
來說諸相具足即非具足是名諸相具足須
菩提汝勿謂如來作是念我當有所說法莫
作是念何以故若人言如來有所說法即為
謗佛不能解我所說故須菩提說法者无
法可說是名說法
須菩提白佛言世尊佛得阿耨多羅三藐三
菩提為无所得耶如是如是須菩提我於阿
耨多羅三藐三菩提乃至无有少法可得是
名阿耨多羅三藐三菩提復次須菩提是法
平等无有高下是名阿耨多羅三藐三菩提
以无我无人无衆生无壽者脩一切善法則
得阿耨多羅三藐三菩提須菩提所言善法
者如來說非善法是名善法

BD00407　金剛般若波羅蜜經

者如來說非善法是名善法
須菩提若三千大千世界中所有諸須弥山
王如是等七寶聚有人持用布施若人以此般
若波羅蜜經乃至四句偈等受持讀誦為他
人說於前福德百分不及一百千万億分乃至
筭數譬喻所不能及
須菩提於意云何汝等勿謂如來作是念我
當度衆生須菩提莫作是念何以故實无有
衆生如來度者若有衆生如來度者如來則
有我人衆生壽者須菩提如來說有我者則
非有我而凡夫之人以為有我須菩提凡夫者
如來說則非凡夫
須菩提於意云何可以卅二相觀如來不須

如來須菩提白佛言世尊如我解佛所說義
不應以卅二相觀如來尒時世尊而說偈言
若以色見我　以音聲求我　是人行邪道　不能見如來
須菩提汝若作是念如來不以具足相故得阿
耨多羅三藐三菩提須菩提莫作是念如來
不以具足相故得阿耨多羅三藐三菩提
須菩提汝若作是念發阿耨多羅三藐三菩
提者說諸法斷滅莫作是念何以故發阿耨
多羅三藐三菩提者於法不說斷滅相須菩
提若菩薩以滿恒河沙等世界七寶布施若
復有人知一切法无我得成於忍此菩薩勝
前菩薩所得功德須菩提以諸菩薩不受福
德故須菩提白佛言世尊云何菩薩不受福
德須菩提菩薩所作福德不應貪著是故說

德須菩提菩薩所作福德不應貪著是故說
不受福德
須菩提若有人言如来若来若去若坐若卧
是人不解我所說義何以故如来者无所從来亦
无所去故名如来
須菩提若善男子善女人以三千大千世界碎為
微塵於意云何是微塵衆寧為多不甚多世尊何
以故若是微塵衆實有者佛則不說是微塵衆所
以者何佛說微塵衆則非微塵衆是名微塵衆世
尊如来所說三千大千世界則非世界是名世界何
以故若世界實有者則是一合相如来說一合相則非
一合相是名一合相須菩提一合相者則是不可說
但凡夫之人貪著其事須菩提若人言佛說我見

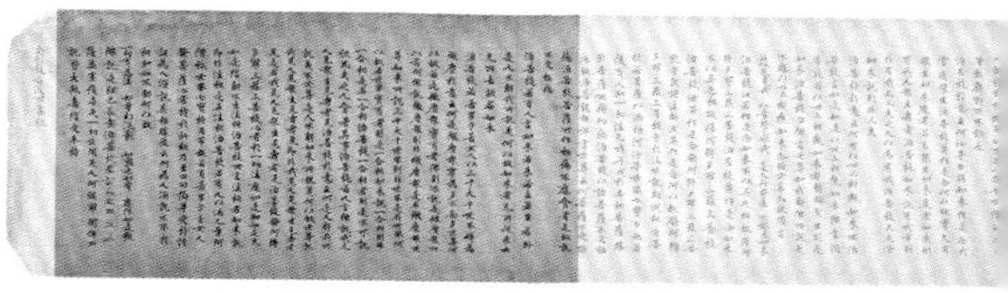

我見人見衆生見壽者見即非我見人見衆生見壽者
見是名我見人見衆生見壽者見湏菩提發阿耨
多羅三藐三菩提心者於一切法應如是知如是見
如是信解不生法相湏菩提所言法相者如来説
即非法相是名法相湏菩提若有人以滿无量阿
僧祇世界七寶持用布施若有善男子善女人
發菩薩心者持於此經乃至四句偈等受持讀
誦為人演説其福勝彼云何為人演説不取於
相如如不動何以故
一切有為法　如夢幻泡影　如露亦如電　應作如是觀
佛説是經已長老湏菩提及諸比丘比丘尼
優婆塞優婆夷一切世間天人阿脩羅聞佛所
説皆大歡喜信受奉持

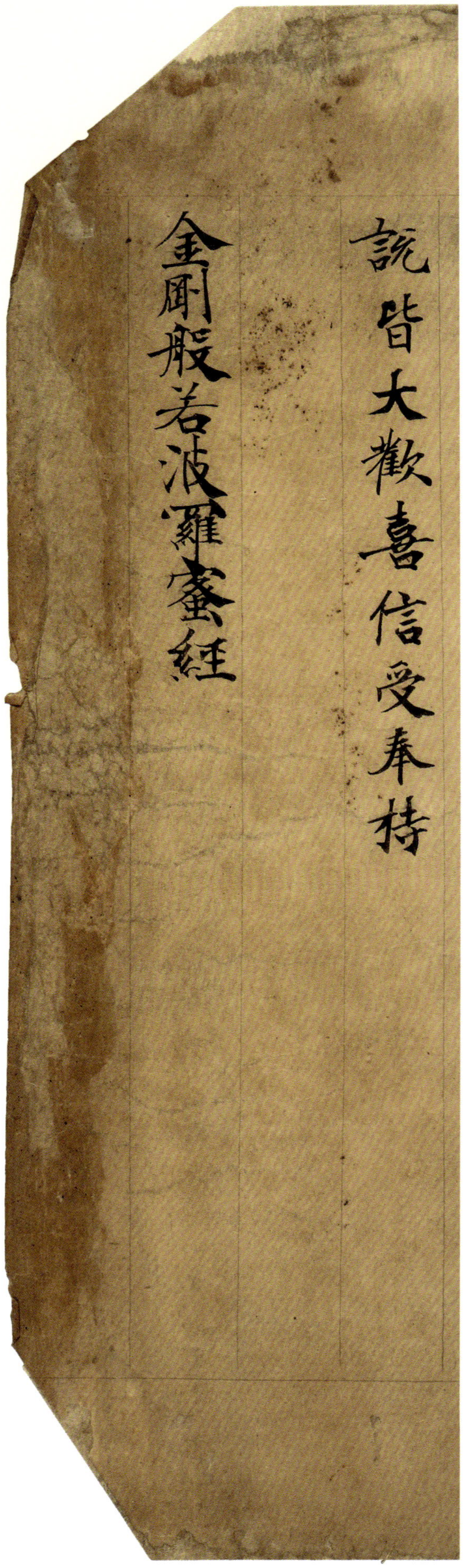

說皆大歡喜信受奉持

金剛般若波羅蜜經

BD00408 **觀世音經**

（後秦）鳩摩羅什 譯

BD00408v **藏文**

235.5cm × 24.9cm

妙法蓮華經觀世音菩薩普門品第廿五

尒時无盡意菩薩即從座起偏袒右肩合掌

向佛而作是言世尊觀世音菩薩以何因緣

億衆生受諸苦惱聞是觀世音菩薩一心稱
名觀世音菩薩即時觀其音聲皆得解脫
若有人持是觀世音菩薩名者設入大火火不
能燒由是菩薩威神力故若爲大水所漂稱
其名号即得淺處若有百千萬億衆生
爲求金銀琉璃車琹碼瑙珊瑚琥珀珎珠等
寶入於大海假使黑風吹其舡舫漂墮羅刹鬼國其中
若有乃至一人稱觀世音菩薩名者是諸人
等皆得解脫羅刹之難以是因緣名觀世音
若復有人臨當被害稱觀世音菩薩名者彼
所執刀杖尋段段壞而得解脫若三千大千
國土滿中夜叉羅刹欲來惱人聞其稱觀世
音菩薩名者是諸惡鬼尚不能以惡眼視諸況復

國土滿中夜叉羅剎欲來惱人聞其稱觀世
音菩薩名者是諸惡鬼尚不能以惡眼視諸況復
加害
設復有人若有罪若無罪杻械枷鎖檢繫其
身稱觀世音菩薩名者皆悉斷壞即得解脫
若三千大千國土滿中怨賊有一商主將持
商人賫持重寶經過嶮路其中一人作是唱言
諸善男子勿得恐怖汝等應當一心稱觀世音菩
薩名号是菩薩能以无畏施於衆生汝等若
稱名者於此怨賊當得解脫衆商人聞俱發
聲言南无觀世音菩薩稱其名故即得解脫
无盡意觀世音菩薩摩訶薩威神之力巍巍
而是若有衆生多於婬欲常念恭敬觀世音
菩薩便得離欲若多瞋恚常念恭敬觀世音

菩薩[illegible]
等大威神力多所饒益是故衆生常應心念
若有女人設欲求男礼拜供養觀世音菩薩
便生福德智慧之男設欲求女便生端正有
想之女宿殖得本衆人愛敬
无盡意觀世音菩薩有如是力若有衆生恭
敬礼拜觀世音菩薩福不唐捐是故衆生皆
應受持觀世音菩薩
无盡意若復有人受持六十二億恒河沙菩
薩名字復盡形供養飲食衣服卧具醫藥於
汝意云何是善男子善女人功德多不
无盡意言甚多世尊若復有人受持觀世音
菩薩名号乃至一時礼拜供養是二人福正
[illegible]

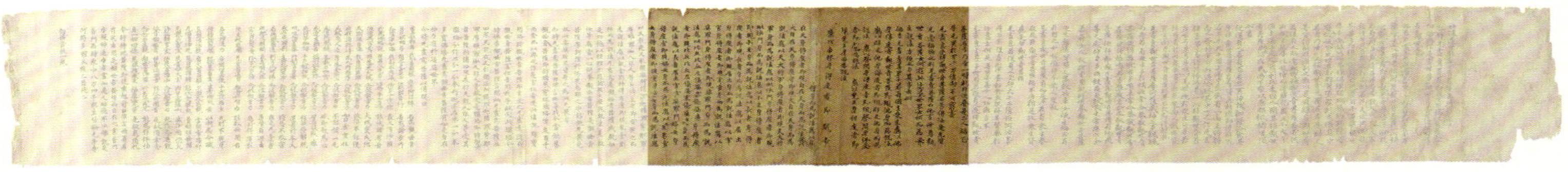

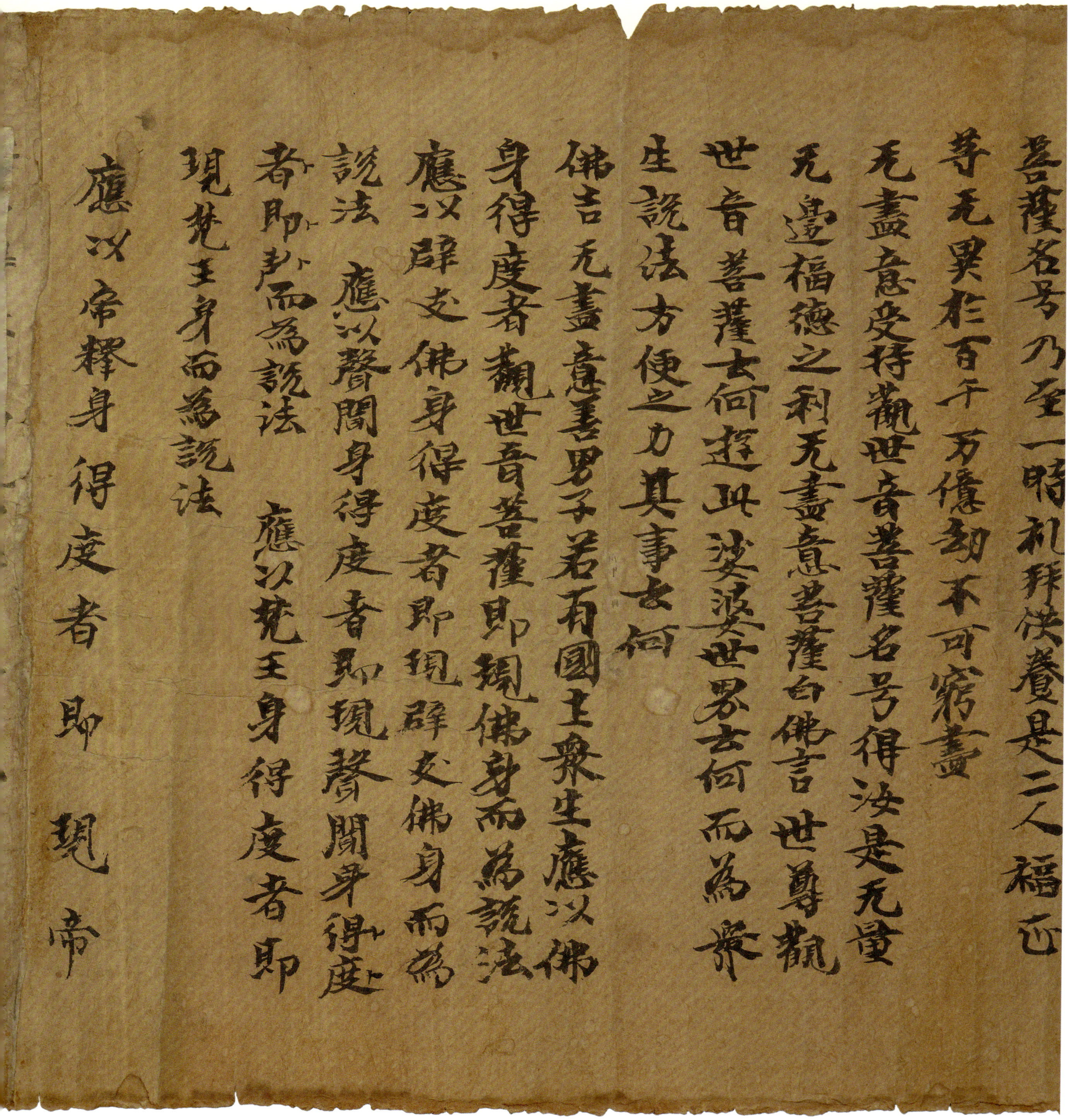

菩薩名号乃至一時礼拜供養是二人福正
等无異於百千万億劫不可窮盡
无盡意受持觀世音菩薩名号得如是无量
无邊福德之利无盡意菩薩白佛言世尊觀
世音菩薩云何遊此娑婆世界云何而為衆
生說法方便之力其事云何
佛告无盡意善男子若有國土衆生應以佛
身得度者觀世音菩薩即現佛身而為說法
應以辟支佛身得度者即現辟支佛身而為
說法　應以聲聞身得度者即現聲聞身得度
者即声而為說法　應以梵王身得度者即
現梵王身而為說法
應以帝釋身得度者即現帝

大自在天身得度者即現大自在天身而為
說法應以天大將軍身得度者即現天大將
軍身而為說法應以毗沙門身得度者即現
毗沙門身而為說法應以小王身得度者
即現小王身而為說法應以長者身得
度者即現長者身而為說法應以居士
身得度者即現居士身而為說法應以宰
官身得度者即現宰官身而為說法應以
婆羅門身得度者即現婆羅門身而為說
法應以比丘比丘尼優婆塞優婆夷身得度
者即現比丘比丘尼優婆塞優婆夷身而為
說法應以長者居士宰官婆羅門婦女身
得度者即現婦女身而為說法應以童男童
女身得度者即現童男童女身而為說法應

女身得度者即現童男童女身而為說法應以天龍夜叉乾闥婆阿脩羅迦樓羅緊那羅摩睺羅伽人非人等身得度者即皆現之而為說法應以執金剛神得度者即現執金剛神而為說法无盡意是觀世音菩薩成就如是功德以種種形遊諸國土度脫衆生是故汝等應當一心供養觀世音菩薩是觀世音菩薩摩訶薩於怖畏急難之中能施无畏是故此娑婆世界皆号之為施无畏者

尒時无盡意菩薩白佛言世尊我今當供養觀世音菩薩即解頸衆寶珠瓔珞價直百千兩金而以與之作是言仁者受此法施珎寶瓔珞時觀世音菩薩不肯受之无盡意復白

四衆天龍夜叉乾闥婆阿脩羅迦樓羅緊那
羅摩睺羅伽人非人等故受是瓔珞即時觀世
音菩薩愍諸四衆及於天龍人非人等受其
瓔珞分作二分一分奉釋迦牟尼佛一分奉
多寶佛塔无盡意觀世音菩薩有如是自在
神力遊於娑婆世界
尒時无盡意菩薩以偈問曰
世尊妙相具　我今重問彼　佛子何因緣　名爲觀世音
具足妙相尊　偈答无盡意　汝聽觀音行　善應諸方所
弘誓深如海　歷劫不思議　侍多千億佛　發大清淨願
我爲汝略說　聞名及見身　心念不空過　能滅諸有苦
假使興害意　推落大火坑　念彼觀音力　火坑變成池
或漂流巨海　龍魚諸鬼難　念彼觀音力　波浪不能沒
或在須彌峰　爲人所推墮　念彼觀音力　如日虛空住

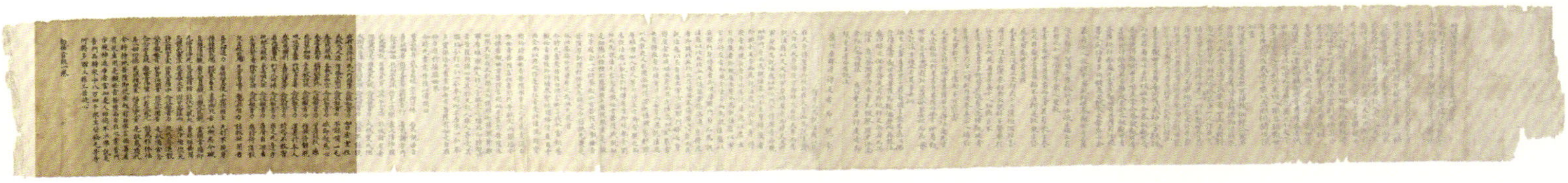

或在須彌峰　為人所推墮　念彼觀音力　如日虛空住
或被惡人逐　墮落金剛山　念彼觀音力　不能損一毛
或值怨賊繞　各執刀加宮　念彼觀音力　咸即起慈心
或遭王難苦　臨刑欲壽終　念彼觀音力　刀尋段段壞
或囚禁枷鎖　手足被杻械　念彼觀音力　釋然得解脫
呪詛諸毒藥　所欲害身者　念彼觀音力　還著於本人
或遇惡羅剎　毒龍諸鬼等　念彼觀音力　時悉不敢宮
若惡獸圍遶　利牙爪可怖　念彼觀音力　疾走无邊方
蚖虵及蝮蝎　氣毒烟火然　念彼觀音力　尋聲自迴去
雲雷鼓掣電　降雹澍大雨　念彼觀音力　應時得消散
衆生被困厄　无量苦逼身　觀音妙智力　能救世間苦
具足神通力　廣修智方便　十方諸國土　无剎不現身
種種諸惡趣　地獄鬼畜生　生老病死苦　以漸悉令滅

悲體戒雷震　慈意妙大雲　澍甘露法雨　滅除煩惱炎
諍訟經官處　怖畏軍陣中　念彼觀音力　衆怨悉退散
妙音觀世音　梵音海潮音　勝彼世間音　是故須常念
念念勿生疑　觀世音淨聖　於苦惱死厄　能為作依怙
具一切功德　慈眼視衆生　福聚海无量　是故應頂礼
尒時持地菩薩即從坐起前白佛言世尊若
有衆生聞是觀世音菩薩品自在之業普門
示現神通力者當知是人功德不少佛說是
普門品時衆中八万四千衆生皆發无等等
阿耨多羅三藐三菩提心

觀世音經一卷

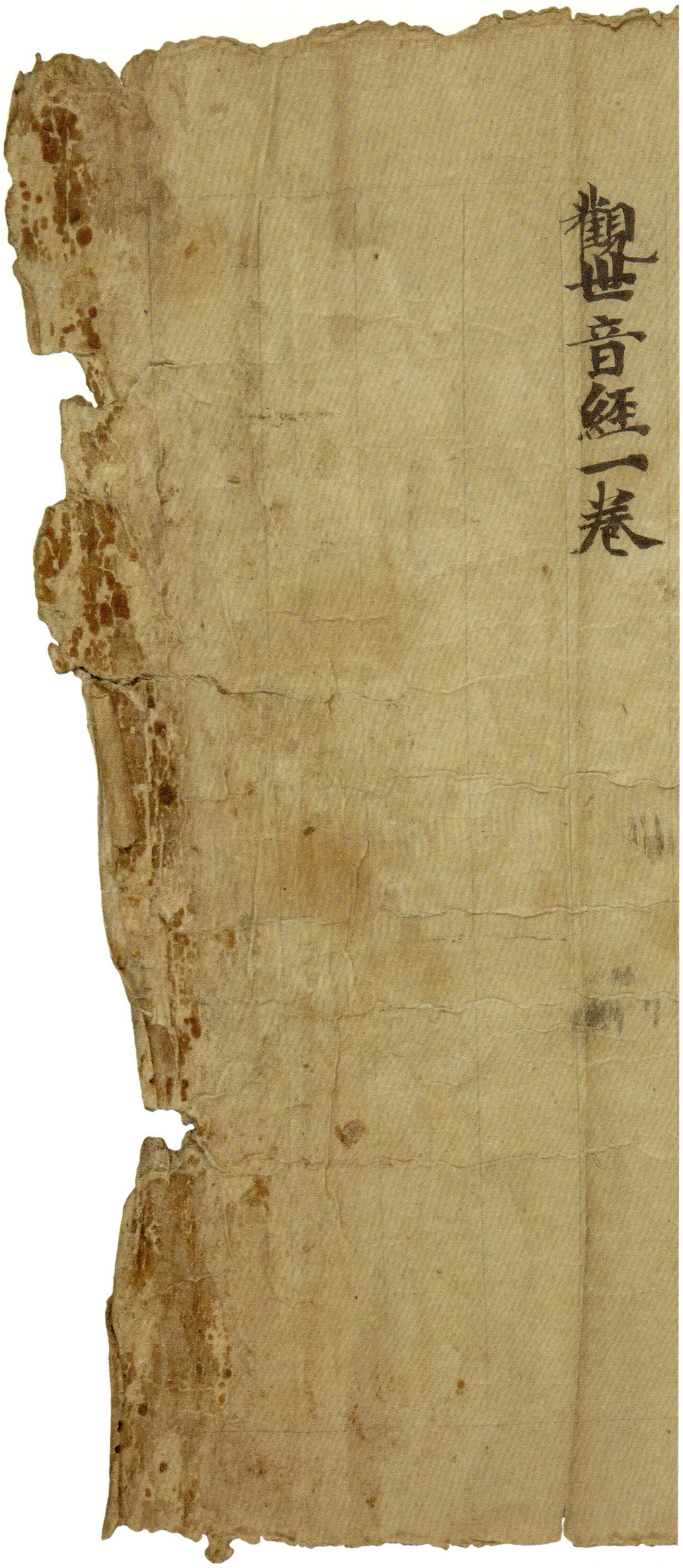
觀世音經一卷

BD00408v　藏文

BD00409

金剛般若波羅蜜經

（後秦）鳩摩羅什 譯

458.6cm × 25.7cm

菩薩不住相布施其福德不可思量須菩提
於意云何東方虛空可思量不不也世尊須
菩提南西北方四維上下虛空可思量不不
也世尊須菩提菩薩无住相布施福德亦復
如是不可思量須菩提菩薩但應如所教住
須菩提於意云何可以身相見如来不不也
世尊不可以身相得見如来何以故如来所
說身相即非身相佛告須菩提凡所有相皆
是虛妄若見諸相非相則見如来
須菩提白佛言世尊頗[illegible]得聞如是言
說章句生實信不佛告須菩提莫作是說如
来滅後後五百歲有持戒脩福者於此章句

種諸善根聞是章句乃至一念生淨信者須
菩提如來悉知悉見是諸衆生得如是无量
福德何以故是諸衆生无復我相人相衆生
相壽者相无法相亦无非法相何以故是諸衆
生若心取相則爲著我人衆生壽者若取法
相即著我人衆生壽者何以故若取非法相
即著我人衆生壽者是故不應取法不應取
非法以是義故如來常說汝等比丘知我說法
如筏喻者法尚應捨何況非法
須菩提於意云何如來得阿耨多羅三藐三
菩提耶如來有所說法耶須菩提言如我解
佛所說義无有定法名阿耨多羅三藐三菩
提亦无有定法如來可說何以故如來所說
法皆不可取不可說非法非非法所以者何一

BD00409　金剛般若波羅蜜經

亦无有定法如来可説何以故如来所説
法皆不可取不可説非法非非法所以者何一
切賢聖皆以无為法而有差別
須菩提於意云何若人滿三千大千世界七
寶以用布施是人所得福德寧為多不須
菩提言甚多世尊何以故是福德即非福德
性是故如来説福德多若復有人於此經中受
持乃至四句偈等為他人説其福勝彼何以
故須菩提一切諸佛及諸佛阿耨多羅三藐
菩提法皆從此經出須菩提所謂佛法者
即非佛法
須菩提於意云何須陁洹能作是念我得須
陁洹果不須菩提言不也世尊何以故須陁
洹名為入流而无所入不入色聲香味觸法

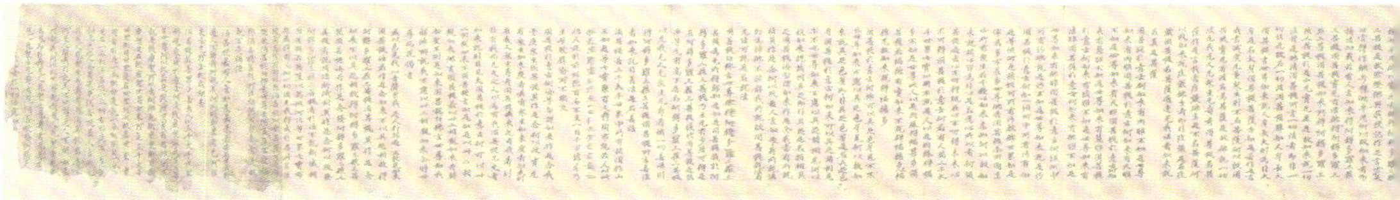

[illegible]
何以故斯陀含名一往来而實无往来是名斯
陀含須菩提於意云何阿那含能作是念我
得阿那含果不須菩提言不也世尊何以故阿
那含名為不来而實无来是故名阿那含
須菩提於意云何阿羅漢能作是念我得阿
羅漢道不須菩提言不也世尊何以故實
无有法名阿羅漢世尊若阿羅漢作是念我
得阿羅漢道即為著我人衆生壽者世尊
佛說我得无諍三昧人中最為第一是第一
離欲阿羅漢我不作是念我是離欲阿羅漢
世尊我若作是念我得阿羅漢道世尊則不說
須菩提是樂阿蘭那行者以須菩提實无所
行而名須菩提是樂阿蘭那行
佛告須菩提於意云何如来昔在然燈佛所

須菩提是樂阿蘭那行者以須菩提實无所
行而名須菩提是樂阿蘭那行
佛告須菩提於意云何如來昔在然燈佛所
於法有所得不世尊如來在然燈佛所於法
實无所得須菩提於意云何菩薩莊嚴佛土
不不也世尊何以故莊嚴佛土者則非莊嚴是名
莊嚴是故須菩提諸菩薩摩訶薩應如是生清
淨心不應住色生心不應住聲香味觸法生心
應无所住而生其心須菩提譬如有人身如須
彌山王於意云何是身為大不須菩提言甚
大世尊何以故佛說非身是名大身
須菩提如恒河中所有沙數如是沙等恒河
於意云何是諸恒河沙寧為多不須菩提言
甚多世尊但諸恒河尚多无數何況其沙須

布施得福多不須菩提言甚多世尊佛告須
菩提若善男子善女人於此經中乃至受持
四句偈等為他人說而此福德勝前福德
復次須菩提隨說是經乃至四句偈等當知
此處一切世間天人阿脩羅皆應供養如佛
塔廟何況有人盡能受持讀誦須菩提當知
是人成就最上第一希有之法若是經典所
在之處則為有佛若尊重弟子
尒時須菩提白佛言世尊當何名此經我
等云何奉持佛告須菩提是經名為金剛般若
波羅蜜以是名字汝當奉持所以者何須菩
提佛說般若波羅蜜則非般若波羅蜜須
菩提於意云何如來有所說法不須菩提白

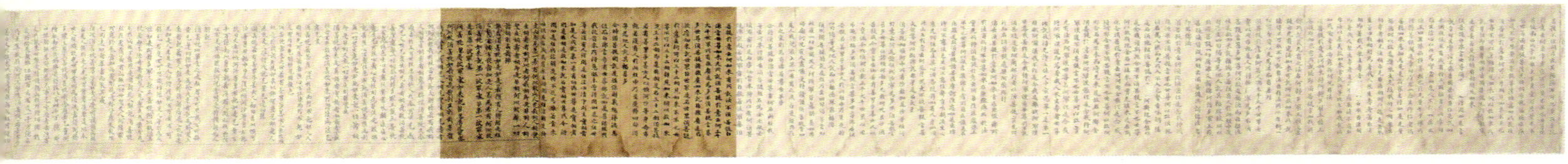

菩提於意云何如来有所説法不須菩提白
佛言世尊如来无所説須菩提於意云何三千
大千世界所有微塵是爲多不須菩提言甚
多世尊須菩提諸微塵如来説非微塵是名
微塵如来説世界非世界是名世界須菩提
於意云何可以三十二相見如来不不也世
尊不可以三十二相得見如来何以故如来
説三十二相即是非相是名三十二相須菩提
若有善男子善女人以恒河沙等身命布
施若復有人於此經中乃至受持四句偈
等爲他人説其福甚多
尒時須菩提聞説是經深解義趣涕淚悲
泣而白佛言希有世尊佛説如是甚深經典

知是人成就第一希有功德世尊是實相者
則是非相是故如來說名實相世尊我今得
聞如是經典信解受持不足為難若當來
世後五百歲其有眾生得聞是經信解受持
是人則為第一希有何以故此人无我相人相眾
生相壽者相所以者何我相即是非相人相
眾生相壽者相即是非相何以故離一切
諸相則名諸佛
佛告須菩提如是如是若復有人得聞是經
不驚不怖不畏當知是人甚為希有何以故
須菩提如來說第一波羅蜜非第一波羅蜜
是名第一波羅蜜
須菩提忍辱波羅蜜如來說非忍辱波羅蜜
何以故須菩提如我昔為歌利王割截身體
我於爾時无我相无人相无眾生相无壽者

須菩提忍辱波羅蜜如來說非忍辱波羅蜜
何以故須菩提如我昔為歌利王割截身體
我於尒時无我相无人相无衆生相无壽者
相何以故我於往昔節節支解時若有我相
人相衆生相壽者相應生瞋恨須菩提又念
過去於五百世作忍辱仙人於尒所世无我
相无人相无衆生相无壽者相是故須菩提
菩薩應離一切相發阿耨多羅三藐三菩提
心不應住色生心不應住聲香味觸法生心
應生无所住心若心有住則為非住是故佛
說菩薩心不應住色布施須菩提菩薩為利
益一切衆生應如是布施如來說一切諸相
即是非相又說一切衆生則非衆生
須菩提如來是真語者實語者如語者不誑
語者不異語者須菩提如來所得法此法无

須菩提若菩薩心住於法而行布施如人入
暗則无所見若菩薩心不住法而行布施如
人有目日光明照見種種色
須菩提當来之世若有善男子善女人能於此
經受持讀誦則為如来以佛智慧悉知是人
悉見是人皆得成就无量无邊功德
須菩提若有善男子善女人初日分以恒河
沙等身布施中日分復以恒河沙等身布施
後日分亦以恒河沙等身布施如是无量百
千万億劫以身布施若復有人聞此經典信
心不逆其福勝彼何況書寫受持讀誦為人
解說
須菩提以要言之是經有不可思議不可稱
量无邊功德如来為發大乘者說為發最上
乘者說若有人能受持讀誦廣為人說如来
悉知是人悉見是人皆得成就不可量不可

乘者說若有人能受持讀誦廣為人說如來
悉知是人悉見是人皆得成就不可量不可
稱无有邊不可思議功德如是人等則為荷
擔如來阿耨多羅三藐三菩提何以故須菩
提若樂小法者著我見人見衆生見壽者見
則於此經不能聽受讀誦為人解說須菩提
在在處處若有此經一切世間天人阿脩羅
所應供養當知此處則為是塔皆應恭敬作
礼圍遶以諸華香而散其處
復次須菩提善男子善女人受持讀誦此經
若為人輕賤是人先世罪業應墮惡道以今
世人輕賤故先世罪業則為消滅當得阿耨
多羅三藐三菩提須菩提我念過去无量阿
僧祇劫於然燈佛前得值八百四千万億那
由他諸佛悉皆供養承事无空過者若復有

乃至筭數譬喻所不能及須菩提若善男子
善女人於後末世有受持讀誦此經所得功
德我若具說者或有人聞心則狂亂狐疑不
信須菩提當知是經義不可思議果報亦不
可思議
尒時須菩提白佛言世尊善男子善女人發
阿耨多羅三藐三菩提心云何應住云何降
伏其心佛告須菩提善男子善女人發阿耨
多羅三藐三菩提者當生如是心我應滅度
一切衆生滅度一切衆生已而无有一衆生
實滅度者何以故若菩薩有我相人相衆生
相壽者相則非菩薩所以者何須菩提實无
有法發阿耨多羅三藐三菩提者
須菩提於意云何如來於然燈佛所有法得
阿耨多羅三藐三菩提不不也世尊如我解

須菩提於意云何如來於然燈佛所有法得
阿耨多羅三藐三菩提不不也世尊如我解
佛所說義佛於然燈佛所无有法得阿耨多
羅三藐三菩提佛言如是如是須菩提實无
有法如来得阿耨多羅三藐三菩提須菩提
若有法如来得阿耨多羅三藐三菩提者然
燈佛則不與我授記汝於来世當得作佛号
釋迦牟尼以實无有法得阿耨多羅三藐
三菩提是故然燈佛與我授記作是言汝於来
世當得作佛号釋迦牟尼何以故如来者即
諸法如義若有人言如来得阿耨多羅三藐
三菩提須菩提實无有法佛得阿耨多羅三
藐三菩提須菩提如来所得阿耨多羅三
藐三菩提於是中无實无虛是故如来說一切
法皆是佛法須菩提所言一切法者

須菩提言世尊如來說人身長大則為非大
身是名大身須菩提菩薩亦如是若作是言
我當滅度无量衆生則不名菩薩何以故須
菩提實无有法名為菩薩是故佛說一切
法无我无人无衆生无壽者須菩提若菩
薩作是言我當莊嚴佛土是不名菩薩何
以故如來說莊嚴佛土者即非莊嚴是名莊
嚴須菩提若菩薩通達无我法者如來說
名真是菩薩
須菩提於意云何如來有肉眼不如是世尊
如來有肉眼須菩提於意云何如來有天眼
不如是世尊如來有天眼須菩提於意云何如
來有慧眼不如是世尊如來有慧眼須菩提

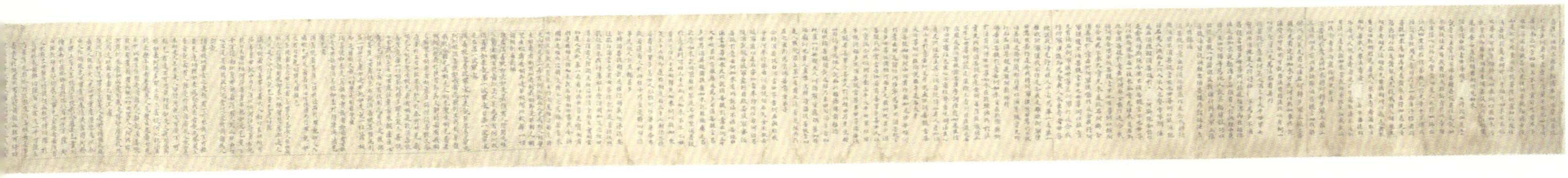

不如是世尊如來有天眼須菩提於意云何如
來有慧眼不如是世尊如來有慧眼須菩提
於意云何如來有法眼不如是世尊如來有
法眼須菩提於意云何如來有佛眼不如是
世尊如來有佛眼須菩提於意云何恒河中
所有沙佛說是沙不如是世尊如來說是沙
須菩提於意云何如一恒河中所有沙有如
是等恒河是諸恒河所有沙數佛世界如是
寧為多不甚多世尊佛告須菩提尒所國土
中所有衆生若干種心如來悉知何以故如
來說諸心皆為非心是名為心所以者何須
菩提過去心不可得現在心不可得未來心
不可得須菩提於意云何若有人滿三千大
千世界七寶以用布施是人以是因緣得福

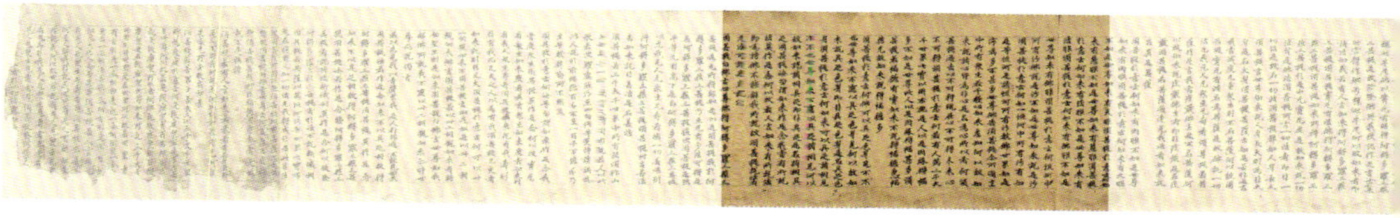

菩提若福德有實如來不說得福德多以福
德无故如來說得福德多
須菩提於意云何佛可以具足色身見不不
也世尊如來不應以具足色身見何以故如
來說具足色身即非具足色身是名具足色
身須菩提於意云何如來可以具足諸相見
不不也世尊如來不應以具足諸相見何以
故如來說諸相具足即非具足是名諸相具
足須菩提汝勿謂如來作是念我當有所說
法莫作是念何以故若人言如來有所說法
即為謗佛不能解我所說故須菩提說法者
无法可說是名說法
須菩提白佛言世尊佛得阿耨多羅三藐三

BD00409　金剛般若波羅蜜經

須菩提白佛言世尊佛得阿耨多羅三藐三
菩提為无所得耶如是如是須菩提我於阿
耨多羅三藐三菩提乃至无有少法可得是
名阿耨多羅三藐三菩提復次須菩提是法
平等无有高下是名阿耨多羅三藐三菩提
以无我无人无衆生无壽者脩一切善法則
得阿耨多羅三藐三菩提須菩提所言善法
者如來說非善法是名善法
須菩提若三千大千世界中所有諸須弥山
王如是等七寶聚有人持用布施若人以此
般若波羅蜜經乃至四句偈等受持讀誦為
他人說於前福德百分不及一百千万億分乃
至筭數譬喻所不能及

當度衆生須菩提莫作是念何以故實無
有衆生如來度者若有衆生如來度者如來則
有我人衆生壽者須菩提如來說有我者則
非有我而凡夫之人以爲有我須菩提凡夫者
如來說則非凡夫須菩提於意云何可以卅
二相觀如來不須菩提言如是如是以卅二相
觀如來佛言須菩提若以卅二相觀如來者轉
輪聖王則是如來須菩提白佛言世尊如我
解佛所說義不應以卅二相觀如來尒時世
尊而說偈言
若以色見我　以音聲求我　是人行邪道　不能見如來
須菩提汝若作是念如來不以具足相故得
阿耨多羅三藐三菩提須菩提莫作是念
如來不以具足相故得阿耨多羅三藐三菩

BD00409　金剛般若波羅蜜經

如來不以具足相故得阿耨多羅三藐三菩
提須菩提汝若作是念發阿耨多羅三藐三
菩提者說諸法斷滅相莫作是念何以故發
阿耨多羅三藐三菩提者於法不說斷滅相
須菩提若菩薩以滿恒河沙等世界七寶布
施若復有人知一切法无我得成於忍此菩薩
勝前菩薩所得功德須菩提以諸菩薩不受福
德故須菩提白佛言世尊云何菩薩不受福
德須菩提菩薩所作福德不應貪著是故
說不受福德
須菩提若有人言如來若來若去若坐若卧
是人不解我所說義何以故如來者无所從
來亦无所去故名如來
須菩提若善男子善女人以三千大千世界

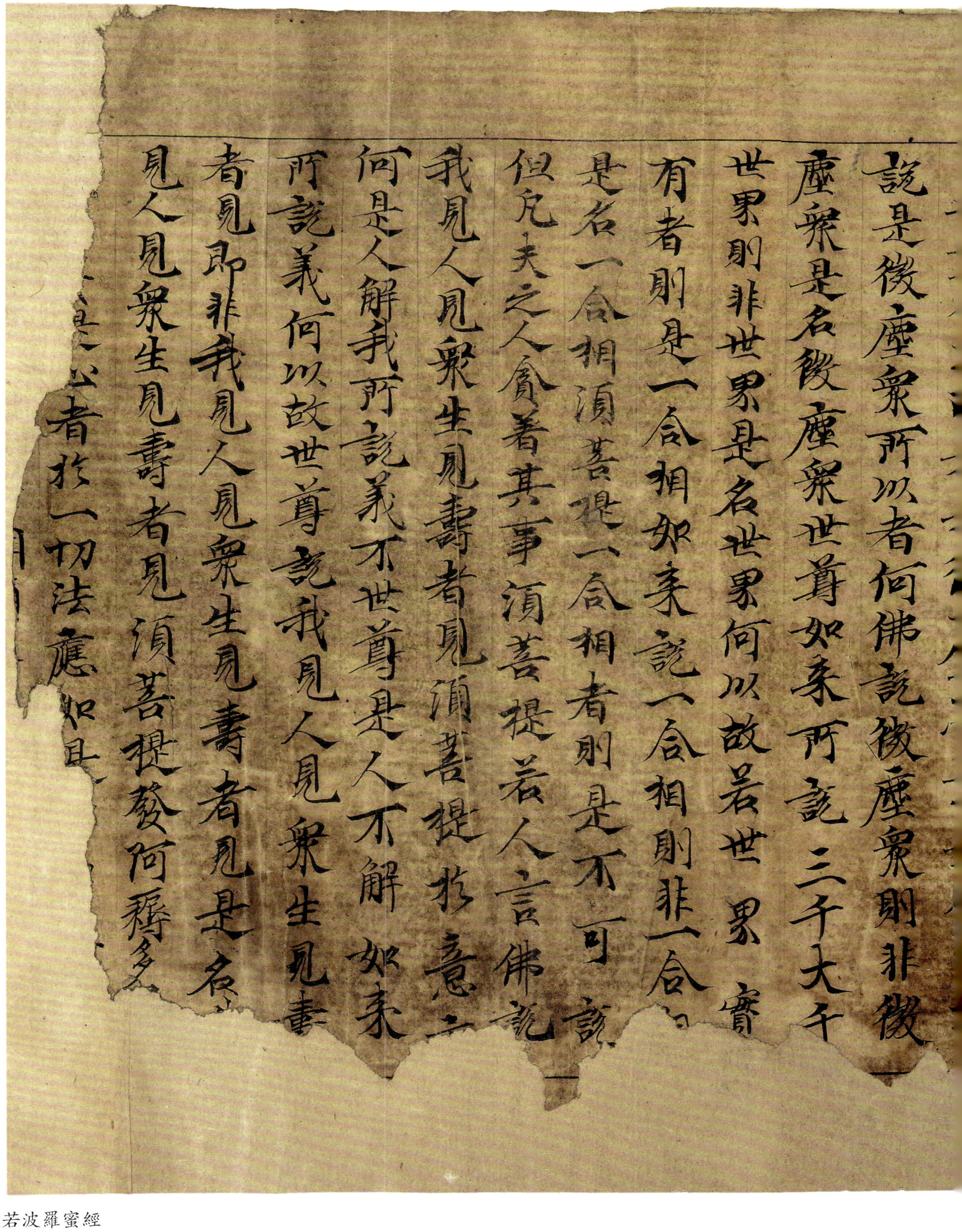
說是微塵衆所以者何佛說微塵衆則非微
塵衆是名微塵衆世尊如來所說三千大千
世界則非世界是名世界何以故若世界實
有者則是一合相如來說一合相則非一合
是名一合相須菩提一合相者則是不可說
但凡夫之人貪著其事須菩提若人言佛說
我見人見衆生見壽者見須菩提於意云
何是人解我所說義不世尊是人不解如來
所說義何以故世尊說我見人見衆生見壽
者見即非我見人見衆生見壽者見是名
見人見衆生見壽者見須菩提發阿耨多
心者於一切法應如是

BD00410

妙法蓮華經卷七

（後秦）鳩摩羅什 譯

489.3cm × 26.5cm

解義如
佛言世尊
護之即說
安尒一 㝵尒二 摩祢
梨篅六 賖呯羊鳴音七 賖
毛曰帝十 目多履一十 沙
履十四 婆履十五 叉裔十六 阿叉裔十七 阿耆月
帝十九 賖履二十 陁羅尼二十一 阿盧伽婆三
蔗毗叉膩二十二 祢毗剃二十三 阿便哆都餓反 邏祢
履剃二十四 阿亶哆波賒輸地途責反二十五 漚究賖二十六 牟
究賖二十七 阿羅賖二十八 波羅賖二十九 首迦差初几反三十
阿三磨三履三十一 佛馱毗吉利袠帝三十二 達磨
波利差精離反 帝三十三 僧伽涅瞿沙祢三十四 婆
舍婆舍輸地三十五 㝵哆邏三十六 㝵哆邏叉夜

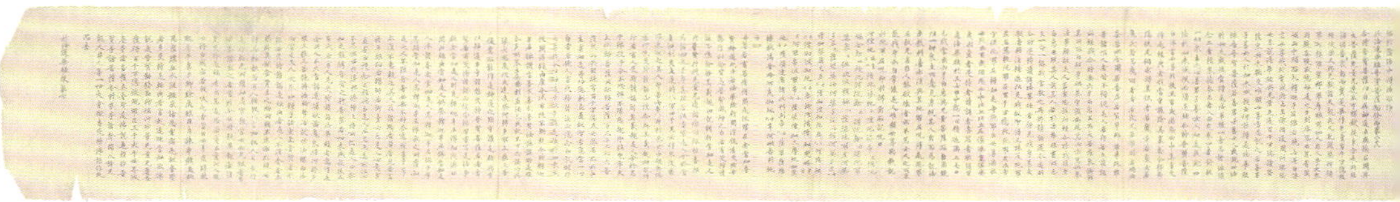

多夜四十三
世尊是陁羅尼神呪六十二億恒沙等諸
佛所説若有侵毀此法師者則為侵毀是
諸佛已時釋迦牟尼佛讚藥王菩薩言善
哉善哉藥王汝愍念擁護此法師故説是陁
羅尼於諸衆生多所饒益尒時勇施菩薩白佛
言世尊我亦為擁護讀誦受持法華經者説
陁羅尼若此法師得是陁羅尼若夜叉若羅刹
若冨單那若吉蔗若鳩槃荼若餓鬼等伺求
其短无能得便即於佛前而説呪曰
痤(誓螺反)隸一摩訶痤隸二郁枳三目枳四阿隸
五阿羅婆第六涅隸第七涅隸多婆第八伊
緻(猪履反)柅九韋緻柅十旨緻柅十一涅隸墀柅

緻猪履反挃九隶緻挃十盲緻挃十一涅隸墀挃
十二涅犁墀婆底十三
世尊是陁羅尼神呪恒河沙等諸佛所說亦
皆隨喜若有侵毀此法師者則為侵毀是諸
佛已尒時毗沙門天王護世者白佛言世尊
我亦為愍念衆生擁護此法師故說是陁羅
尼即說呪曰
阿梨一那梨二㝹那梨三阿那盧四那履五
拘那履六
世尊以是神呪擁護法師我亦自當擁護
持是經者令百由旬内无諸衰患尒時持國天
王在此會中與千万億那由他乹闥婆衆恭敬
圍繞前詣佛所合掌白佛言世尊我亦以陁
羅尼神呪擁護持法華經者即說呪曰

摩蹬耆[illegible]
世尊是陀羅尼神呪四十二億諸佛所說若
有侵毀此法師者則為侵毀是諸佛已尒時
有羅刹女等一名藍婆二名毗藍婆三名曲
齒四名華齒五名黑齒六名多髮七名无猒
足八名持瓔珞九名睪帝十名奪一切衆生
精氣是十羅刹女與鬼子母并其子及眷屬
俱詣佛所同聲白佛言世尊我等亦擁護
讀誦受持法華經者除其衰患若有伺求
法師短者令不得便即於佛前而說呪曰
伊提履一伊提泯二伊提履三阿提履四伊
提履五泥履六泥履七泥履八泥履九泥
履十樓醯十一樓醯十二樓醯十三樓醯十四多醯十五
多醯十六多醯十七兜醯十八㝹醯十九
寧上我頭上莫惱於法師若夜叉若羅刹

醯六　醯七　醯八　醯九
寧上我頭上莫惱於法師若夜叉若羅剎
若餓鬼若富單那若吉蔗若毗陀羅若揵馱
若烏摩勒若阿跋摩羅若夜叉吉蔗若人吉蔗
若熱病若一日若二日若三日若四日若至七
日若常熱病若男形若女形若童男形若
童女形乃至夢中亦復莫惱即於佛前而
說偈言
若不順我呪　惱亂說法者　頭破作七分　如阿梨樹枝
如殺父母罪　亦如壓油殃　升秤欺誑人　調達破僧罪
犯此法師者　當獲如是殃
諸羅剎女說此偈已白佛言世尊我等亦當
身自擁護受持讀誦脩行是經者令得安
隱離諸衰患消衆毒藥佛告諸羅剎女善
哉善哉汝等但能擁護受持法華名者福不

香塗香燒香
諸香油燈蘇摩那華油燈瞻蔔華油燈婆
師迦華油燈優鉢羅華油燈如是等百千種
供養者睾帝汝等及眷屬應當擁護如是法
師說是陀羅尼品時六万八千人得无生法忍

妙法蓮華經妙莊嚴王本事品第二十七

尒時佛告諸大衆乃往古世過无量无邊不
可思議阿僧祇劫有佛名雲雷音宿王華智
多陀阿伽度阿羅呵三藐三佛陀國名光明莊
嚴劫名憙見彼佛法中有王名妙莊嚴其
王夫人名曰淨德有二子一名淨藏二名淨
眼是二子有大神力福德智慧久脩菩薩
所行之道所謂檀波羅蜜尸波羅蜜羼提
波羅蜜毗梨耶波羅蜜禪波羅蜜般若波

波羅蜜毗梨耶波羅蜜禪波羅蜜般若波
羅蜜方便波羅蜜慈悲喜捨乃至三十七品助
道法皆悉明了通達又得菩薩淨三昧日星
宿三昧淨光三昧淨色三昧淨照明三昧長莊
嚴三昧大威德藏三昧於此三昧亦悉通達尒
時彼佛欲引導妙莊嚴王及愍念衆生故説
是法華經時淨藏淨眼二子到其母所合十
指爪掌白言願母往詣雲雷音宿王華智佛
所我等亦當侍從親近供養礼拜所以者何
此佛於一切天人衆中説法華經宜應聽受
母告子言汝父信受外道深著婆羅門法汝
等應往白父與共俱去淨藏淨眼合十指爪
掌白母我等是法王子而生此邪見家母告
子言汝等當憂念汝父爲現神變若得見者

其父故踊在虚空高七多羅樹現種種神變
於虚空中行住坐卧身上出水身下出火身
下出水身上出火或現大身滿虚空中而復
現小小復現大於空中滅忽然在地入地如
水履水如地現如是等種種神變令其父王
心淨信解時父見子神力如是心大歡喜得
未曾有合掌向子言汝等師為是誰誰之弟
子二子白言大王彼雲雷音宿王華智佛今
在七寶菩提樹下法座上坐於一切世間天人
衆中廣說法華經是我等師我是弟子父
語子言我今亦欲見汝等師可共俱往於是
二子從空中下到其母所合掌白母父王今已
信解堪任發阿耨多羅三藐三菩提心我等
為父已作佛事願母見聽於彼佛所出家脩
道尒時二子欲重宣其意以偈白母

BD00410　妙法蓮華經卷七

道尒時二子欲重宣其意以偈白母
願母放我等　出家作沙門　諸佛甚難值　我等隨佛學
如優曇波羅　值佛復難是　脫諸難亦難　願聽我出家
母即告言聽汝出家所以者何佛難值故於
是二子白父母言善哉父母願時往詣雲雷
音宿王華智佛所親近供養所以者何佛難
得值如優曇波羅華又如一眼之龜值浮木
孔而我等宿福深厚生值佛法是故父母當
聽我等令得出家所以者何諸佛難值時亦
難遇彼時妙莊嚴王後宮八万四千人皆悉
堪任受持是法華經淨眼菩薩於法華三
昧久已通達淨藏菩薩已於无量百千万億
劫通達離諸惡趣三昧欲令一切衆生離諸

信解好樂佛法於是妙莊嚴王與羣臣眷屬
俱淨德夫人與後宮婇女眷屬俱其王二子
與四万二千人俱一時共詣佛所到已頭面礼
足繞佛三帀却住一面尒時彼佛爲王說
法示教利喜王大歡悅尒時妙莊嚴王及其
夫人解頸真珠瓔珞價直百千以散佛上於
虛空中化成四柱寶臺臺中有大寶床敷
百千万天衣其上有佛結跏趺坐放大光明尒
時妙莊嚴王作是念佛身希有端嚴殊特
成就苐一微妙之色時雲雷音宿王華智佛
告四衆言汝等見是妙莊嚴王於我前合掌
立不此王於我法中作比丘精勤脩習助佛道
法當得作佛号娑羅樹王國名大光劫名大
高王其娑羅樹王佛有无量菩薩衆及无量

[illegible]
高王其娑羅樹王佛有无量菩薩衆及无量
聲聞其國平正功德如是其王即時以國付弟
與夫人二子并諸眷屬於佛法中出家脩道
王出家已於八万四千歲常勤精進脩行妙
法華經過是已後得一切淨功德莊嚴三昧
即昇虛空高七多羅樹而白佛言世尊此我
二子已作佛事以神通變化轉我邪心令
得安住於佛法中得見世尊此二子者是我
善知識為欲發起宿世善根饒益我故來
生我家尒時雲雷音宿王華智佛告妙莊嚴
王言如是如是如汝所言若善男子善女人種
善根故世世得善知識其善知識能作佛事
示教利喜令入阿耨多羅三藐三菩提大王
當知善知識者是大因緣所謂化導令得見

二子不此二子已曾供養六十五百千万億那
由他恒河沙諸佛親近恭敬於諸佛所受
持法華經愍念邪見衆生令住正見妙莊
嚴王即從虛空中下而白佛言世尊如來甚
希有以功德智慧故頂上肉髻光明顯照其
眼長廣而紺青色眉間豪相白如珂月齒白
齊密常有光明脣色赤好如頻婆果尒時
妙莊嚴王讚歎佛如是等无量百千万億功德
已於如來前一心合掌復白佛言世尊未曾有
也如來之法具足成就不可思議微妙功德
教戒所行安隱快善我從今日不復自隨心
行不生耶見憍慢瞋恚諸惡之心說是語已
礼佛而出佛告大衆於意云何妙莊嚴王豈
異人乎今華德菩薩是其淨德夫人今佛前

BD00410　妙法蓮華經卷七

礼佛而出佛告大衆於意云何妙莊嚴王豈
異人乎今華德菩薩是其淨德夫人今佛前
光照莊嚴相菩薩是哀愍妙莊嚴王及諸眷
屬故於彼中生其二子者今藥王菩薩藥上
菩薩是是藥王藥上菩薩成就如此諸大功
德已於无量百千万億諸佛所植衆德本成
就不可思議諸善功德若有人識是二菩薩
名字者一切世間諸天人民亦應礼拜佛說
是妙莊嚴王本事品時八万四千人遠塵離
垢於諸法中得法眼淨

妙法蓮華経普賢菩薩勸發品第二十八

尒時普賢菩薩以自在神通力威德名聞與
大菩薩无量无邊不可稱數從東方來所経
諸國普皆震動雨寶蓮華作无量百千万億種
種伎樂

圍繞各現威德神通之力到娑婆世界耆闍
崛山中頭面礼釋迦牟尼佛右繞七匝白佛
言世尊我於寶威德上王佛國遥聞此娑婆
世界說法華經與无量无邊百千万億諸菩
薩衆共來聽受唯願世尊當為說之若善男
子善女人於如來滅後云何能得是法華經
佛告普賢菩薩若善男子善女人成就四法
於如來滅後當得是法華經一者為諸佛護
念二者植衆德本三者入正定聚四者發救
一切衆生之心善男子善女人如是成就四
法於如來滅後必得是經尒時普賢菩薩
白佛言世尊於後五百歲濁惡世中其有受
持是經典者我當守護除其衰患令得安
隱使无伺求得其便者若魔若魔子若魔女若

BD00410　妙法蓮華經卷七

持是經典者我當守護除其衰患令得安
隱使无伺求得其便者若魔若魔子若魔女若
魔民若為魔所著者若夜叉若羅剎若鳩槃
荼若毗舍闍若吉蔗若富單那若韋陁羅
等諸惱人者皆不得便是人若行若立讀誦
此經我尒時乘六牙白象王與大菩薩衆俱詣
其所而自現身供養守護安慰其心亦為供養
法華經故是人若坐思惟此經尒時我復乘
白象王現其人前其人若於法華經有所忘
失一句一偈我當教之與共讀誦還令通利
尒時受持讀誦法華經者得見我身甚大
歡喜轉復精進以見我故即得三昧及陁羅
尼名為旋陁羅尼百千万億旋陁羅尼法音
方便陁羅尼得如是等陁羅尼世尊若後
世後五百歲濁惡世中

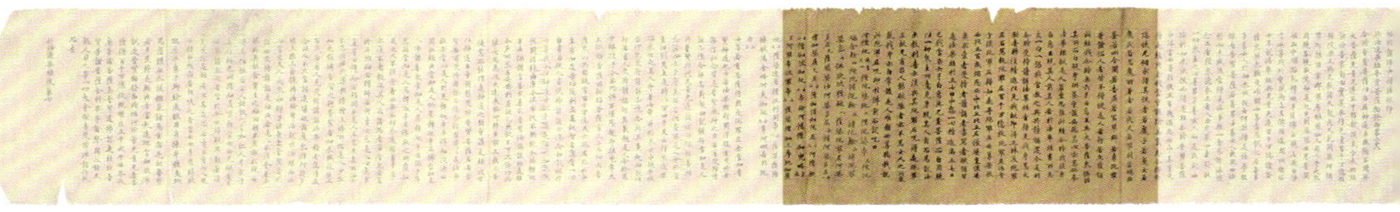

是法華經於三七日中應一心精進滿三七日
已我當乘六牙白象與无量菩薩而自圍繞
以一切衆生所憙見身現其人前而為說法
示教利喜亦復與其陀羅尼呪得是陀羅
尼故无有非人能破壞者亦不為女人之所惑
亂我身亦自常護是人唯願世尊聽我說
此陀羅尼呪即於佛前而說呪曰
阿檀地途賣反一檀陀婆地二檀陀婆帝三檀陀
鳩舍隸四檀陀脩陀隸五脩陀隸六脩陀羅
婆底七佛䭾波羶禰八薩婆陀羅尼阿婆
多尼九薩婆婆沙阿婆多尼十脩阿婆多尼十一
僧伽婆履叉尼十二僧伽涅伽陀尼十三阿僧祇
十四僧伽波伽地十五帝隸阿惰僧伽兜略盧遮
反阿羅帝波羅帝十六薩婆僧伽三摩地伽蘭

BD00410　妙法蓮華經卷七

又阿羅帝波羅帝十六 薩婆僧伽三摩地伽蘭
地十七 薩婆達磨脩波利刹帝十八 薩婆薩埵
樓馱憍舍略阿㝹伽地十九 辛阿毗吉利地
帝二十
世尊若有菩薩得聞是陁羅尼者當知普
賢神通之力若法華經行閻浮提有受持者
應作此念皆是普賢威神之力若有受持讀
誦正憶念解其義趣如說脩行當知是人
行普賢行於无量无邊諸佛所深種善根
為諸如來手摩其頭若但書寫是人命終當
生忉利天上是時八万四千天女作衆伎樂
而來迎之其人即著七寶冠於婇女中娛樂快
樂何況受持讀誦正憶念解其義趣如說脩
行若有人受持讀誦解其義趣是人命終為

薩衆所共圍繞有百千万億天女眷屬而於中
生有如是等功德利益是故智者應當一心
自書若使人書受持讀誦正憶念如說脩行
世尊我今以神通力故守護是經於如來滅
後閻浮提內廣令流布使不斷絶尒時釋迦
牟尼佛讚言善哉善哉普賢汝能護助是經
令多所衆生安樂利益汝已成就不可思議功德
深大慈悲從久遠來發阿耨多羅三藐三菩
提意而能作是神通之願守護是經我當
以神通力守護能受持普賢菩薩名者普
賢若有受持讀誦正憶念脩習書寫是法華
經者當知是人則見釋迦牟尼佛如從佛口
聞此經典當知是人供養釋迦牟尼佛當知是

聞此經典當知是人供養釋迦牟尼佛當知是
人佛讚善哉當知是人為釋迦牟尼佛手摩
其頭當知是人為釋迦牟尼佛衣之所覆如
是之人不復貪著世樂不好外道經書手筆
亦復不憙親近其人及諸惡者若屠兒若畜
猪羊雞狗若獵師若衒賣女色是人心意質
直有正憶念有福德力是人不為三毒所惱亦
不為嫉妬我慢邪慢增上慢所惱是人少欲
知足能脩普賢之行普賢若如來滅後後五
百歲若有人見受持讀誦法華經者應作是
念此人不久當詣道場破諸魔眾得阿耨多
羅三藐三菩提轉法輪擊法鼓吹法螺雨法
雨當坐天人大眾中師子法座上普賢若於
後世受持讀誦是經典者是人不復貪著衣

是行終无所獲如是罪報當世世无眼若有
供養讚歎之者當於今世得現果報若復
見受持是經者出其過惡若實不實此人現
世得白癩病若輕咲之者當世世牙齒踈缺
醜脣平鼻手脚繚戾眼目角睞身體臭穢
惡瘡膿血水腹短氣諸惡重病是故普賢
若見受持是經典者當起遠迎當如敬佛
說是普賢勸發品時恒河沙等无量无邊菩
薩得百千万億旋陁羅尼三千大千世界微
塵等諸菩薩具普賢道佛說是經時普
賢等諸菩薩舍利弗等諸聲聞及諸天
龍人非人等一切大會歡喜受持佛語作礼
而去

BD00410　妙法蓮華經卷七

而去

妙法蓮華經卷第七

BD00411 净名經關中釋抄卷下

（唐）道液 撰

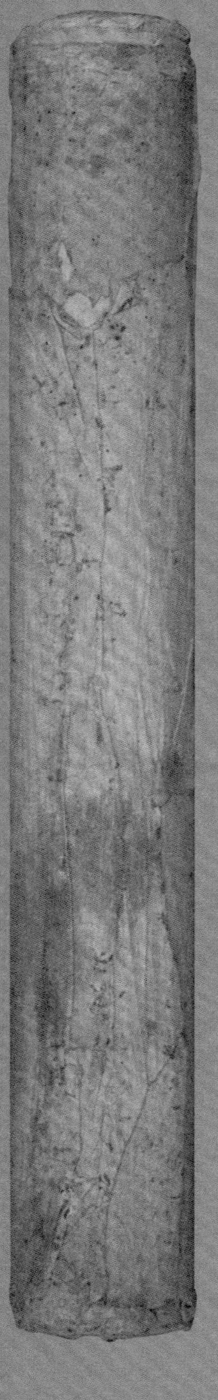

583.3cm × 29.3cm

菩可厭有惑可斷故[illegible]仏大乘以一色一香无非中道一心一
行故即一念而能知也此乃不思議之知　豈彼世思
言世思者出俱舍論謂如來菩提樹下魔軍退後以八智
无㝵九解脫即九九八十一品无㝵八十一品解脫今爲立一九者
尔下之八地有漏位中先之斷故　持世住靜去此爲諸方便教
菩薩從空之方執也故捨喧就靜似乖平等之旨故淨名訶也
魔仏二界一如等真者魔界者俗諦也仏界者真諦也方便菩薩觀未
窮中道俗背真殊俗妄照々心往來爲魔所入圓教菩薩圓照中道
真俗一如三諦等觀照无往來故魔不能入故仁王經云在有
空常方化也即其々曰也二緣從觀有出入之閒者此真從緣從出果
齊諸師所用甚深妙也故天台用之言緣從者智[illegible]及境即
真々諦智即般々爲智緣真諦斷惑成聖此智外有境也言真從者智
境一故真々諦常淨即淨而照未嘗不淨未嘗不照如々意珠々體
圓淨々光恒照真而且照塵垢恒祛故曰真從故方便菩薩境外有
[illegible]

魔二煩惱魔三陰魔四死魔今言魔者天魔也
大經說常樂我淨魔无常无樂无我无淨魔者此並煩惱魔也大
論云除諸法實相餘皆魔事即自中道正觀諸妄念皆魔事也
身命財修三堅法者謂身堅命堅財堅釋此三堅淺深有四
一世間三堅者不害他身救病施食得身堅不斷他命放生止殺得命
堅不盜他財惠施无慳得財堅　二聲聞三堅精修无漏恒觀无
常得五分法身无漏惠命七聖法財无能損壞故云也
三方便教𦬇三堅真如法身金剛不壞般若惠命觀无斷滅万善法
財圓修无斁此𦬇三堅也　四圓實三堅謂法性真常即身恒
照万善功德即事而真此之三堅即一而三而一非三非一能三能一故
大經云摩訶般若解脫法身不縱不橫不一不異般若者惠命也解
脫者法財也法身者真身也此之謂究竟常住三堅也非法之
物者女為壞道之　特為菩提所忌故云也然表方便教𦬇
未能忘於會理故為淨名所訶此門者舊乘門此云功德勞苦修道

未能之於會理故為淨名所訶沙門者舊乘門此云功德勞言修道
有多勞又云勤勞言息識也義名為息以得无漏生死休息或
云靜志也　俛仰者俛低頭也仰者舉首也言閑默不已强自為
之　我已捨矣者明大士常住捨心法願具足者女聞法法足順魔
願願足也　云何止於魔宮者弟子辭師理宜請誨也亦以無盡
燈門者欲明未來即法樂以自利去則無盡燈以化他是即二利行圓
去來常益无礙妙辯其往茲焉　善得者云善施者大士妙證
何行不圓然隨門引物故各有所美善得迹於事施无悋而未能窮
施之源妙通万行故為淨名聞以法施也廿蓋年為唱和豈日必然
設大施會者昔父母行耶祠法或煞牛羊人等祀天求福善德託跡居
之迴耶祠為正施而未能以事入理行大法施故淨名因呵以通之也如
俱舍小乘明菩方便行六度行皆以不惜財寶不悋身命為六度
之行与實相相應同真際等法性住大悲顚一毫之善等施衆生
同證菩提名法施圓滿也故俱舍論頌云為由悲普施被折身无怨

淨无二无別乃至般若清淨之然比皆以理契實相功濟含生稱
理行施隨根起覆故名圓滿　令淨名呵前事中六度令入深
實於六度也　持正法起喜心者此隨喜之喜心上法喜之喜
以今彼我持法皆行隨喜心也上以俱持正法故同得法喜
大捨〻方有者方便大士捨怨親名捨无重心圓頓大士捨方有方
名捨无量也上以行窮實相故云捨也　離身心相起精進者
此有二解一〻云一心求道不恪身之　心〻身委命名精進与實相
理合常住實於身心相空名真精進有於心生已名懈怠故云以
離身心相起也　問諸論皆云精進波羅蜜體以心所諸善十一中
進數及取隨行三業為體乃至擅〻捨惠〻惠數及身口等隨
行三業為六度體此六度大乘亦離五陰身心云何此中乃云精
進〻相離身心相違　答理不然也何者大乘深經酒
窮實相五陰名數佛以外道初計耶生故示陰界名數正因
緣〻法引彼二乘令除我見奈何解釋深妙仍懷偏小〻見乎又佛為

緣之法引彼二乘令除我見奈何解釋深妙何懷偏小之見乎又佛爲
二乘說陰界入欲令悟法无我知有爲无常二不欲令於數法多少
執計爲實爾爲執爲實去道愈遠細復次大乘說陰界入法亦不
欲存法何者法爲空是五陰不應說十二入空若空十二不應說
十八界五八无定數當知非數陰界无定相當知非相相陰界无
定名當知名无名故上文云法无形相如虛空故法无名字言
語斷故此皆以相爲无相以名爲无名是以依經非有色受
想行識之求非有界入之求爲真求法若此而推豈可以陰界名數
中而辯六度實餘耶若真求者應離身心想之實相中求也幸
諸學者熟詳其致哉教化衆生起空等者若依小乘及諸論
明三三昧依四諦十六行差別釋者與此經文甚相違也若依大論
云聲聞經明三三昧緣四諦十六行摩訶衍經明三三昧同緣諸法
實釋者以與經文甚相符會何者大乘四諦以无生四諦俱以
苦集等无生爲諦不以苦集而爲諦也若以苦集等无生爲諦

權實雙照故云也　不捨有為起无ゝ者小乘滅諦滅相為无
相大乘以相為无相以此无相名為實相故不捨有而自无也
示現受生而起无作者小乘以息諸求作名為无作大乘以體作无
作故終日作而不乘於云作此不思議實相之无作也乃至下不二
法門品於一解脫門即三解脫門皆同此通會理无二也　正行善法
起於淨命者言耶命者謂耶利活命若脩行之人執陰求善ゝ者見
起脩耶心求善欲活惠命皆耶命也若正觀中道以法性本真万
善自圓功德常淨既不取相求利以資神故云淨命解衆生縛起
脩行地者法性常寂非淺非深而諸經列行位陳淺深者皆引物
方便起行次第此離法性之外事而是起行之次位也又云真理
非淺深故无脩行次位也以惑是有為結縛解之即有次位也
知一切法不取不捨者而注云造心分别者謂分别相而无相方入實相ゝ
之相以是一ゝ相ゝ无相假名ゝ通物故名門也　施主等心者施仏敬
深施貧悲厚以導ゝ厚ゝ之慈悲宗重ゝ之誠致俱隨壞生死到大卅卅
故云等心福田同相　无所分别者諸相非相是如來身五陰皆

深施貧悲厚以導厚々慈悲崇重々誠敬俱隨壞生死到大菩薩
故云等心福田同相　无所分别者諸相非相是如來身五陰皆
空名有亦質法性无二施報俱亡以此而施故無分别　文殊問疾品
上既室外三品破法折伏此下六品立法攝受故勝鬘經云應折伏者
而折伏之應攝受者而攝受之以折伏攝受故令正法久住此下六品
經文天台略用四意通釋一明來意二明文殊獨堪問疾三釋所問之疾
四將二疾通經　初來意有五　一爲時衆渴仰之心二明三觀
攝受三扶成如來淨土之化四爲入大品法花方便五爲還佛印定初赴
衆渴仰者上法王士庶弟子菩薩稱揚淨名勝智勝德大衆雖生渴仰
未獲見聞若非文殊承旨問疾何以赴彼信心知權實二疾悟不思議
解脫之法旨也　二明三觀攝受引入上來方便品訶王臣滯有
之心弟子品訶聲聞滯空之惑菩薩品訶方便菩薩未圓之行若不文
殊淨名對揚攝受如何悟入圓妙之門所以文殊入室與淨名對揚
宣一心三觀令悟究竟不思議莫二之道故有此下諸品來也
三爲扶成如來淨土者若因文殊問疾闡不思議解脫之說超彼三

得无生法忍鈍根之徒因二大士譯讚圓妙聲聞號叫自傷𦬇
計滯漸融並大品法花方得无生法忍開仏知見乃並得常住
妙果　五為道仏印之者以為因文殊對揚六品經文廣演權
實二疾真應利物即得淨名發衆歸團讚揚印定辯仏事之
不同現妙喜而利物成不思議解脫淨土之大益也　文殊獨堪
問疾者其意乃多略出五種　一者位高故堪文殊諸𦬇
雖同居等覺而初心後位上有淺深故瓔珞經明住等覺位百
千万劫入重玄門是即諸人等覺初心故淺文殊淨名等覺後心
位高故堪餘人位卑故不堪也　二垂跡故堪者諸人多是實居
等覺文殊淨名本是龍種金粟而跡居等覺餘人實者不堪
文殊同是垂跡故堪　三顯圓者諸大士本跡豈可定測但諸
𦬇輔仏多示方便教門故患為淨名所折文殊淨名輔仏顯圓所顯既
同故獨堪也　四物情所惬諸𦬇輔仏行化何得都不演圓但化物
淺從往問疾衆情未惬文殊化物緣深往問必有折獻故獨堪也
五機　不同諸𦬇與淨名有折攝之機以砧椎成物文殊與淨名如擊

淺從往問疾衆情未愜文殊化物緣深往問必為忻慰故獨堪也
五識 不同諸菩与淨名有折攝之機如砧槌成物文殊与淨名如聲
之機如雨磓成物故文殊入室賓主逆相往復成能 物所益
良多 三明所門之疾者疾有二種 一者實疾 業為因 二者
權疾大悲所起淨名能化非疾而疾故名權衆生所化惑業所招名
實故下文菩疾從大悲起此即權也今我此病皆從前世妄想顛倒
諸煩惱生此即實也 釋此二疾即為二門初實後權將釋實
疾略作三門 一因果分別 二因果相錯 三輕重相對 初因果分別者
言因者即是貪嗔癡等分此四煩惱所起業果為因故經云皆從
前世妄想顛倒諸煩惱生又大經云貪嗔之癡憐而為病因也言果病
者由彼漏因感得地水火風四大之身生老病死五盛陰苦之果相對
者貪對水大經云愛水潤生二嗔對火大經云嗔燒善根三癡對風
大經云四倒暴風四等分對地大等分相召三毒等起地大亦三大必俱
又瑞應經云貪欲致老嗔恚致病愚癡致死准此義推等分對
生故下文云有生死即為病 二因果相錯者亦根方壞貪

由脩歸戒故名爲輕十惡四重五逆斷善謗法此名增重輕因則感
四大苦人天之報名輕果也　三塗无間四大苦增劇之處名重
果也
第二明權疾者大經明五行謂聖行天行梵行嬰兒行
病行此五前三自利後二　他是利同小善邊名嬰兒行同煩惱邊
名病行大慈起嬰兒行大悲起病行故下文云菩薩病者以大悲起
大經云菩薩住三諦三昧具廿五三昧破廿五有衆生之疾也廿五有三昧
者大經云一无垢三昧破地獄有不退三昧破畜生有心樂三昧破餓
鬼有歡喜三昧破脩羅有如幻三昧破閻浮有日光三昧破東弗
婆提有月光三昧破西拘耶尼有執焰三昧破北欝單有不動三昧
破四天王有難伏三昧破忉利有悅衆三昧破夜魔有青色三昧
破兜率有黃色三昧破化樂有赤色三昧破他化有白色三昧破初
禪有種種三昧破梵王有雙三昧破二禪有雷音三昧破三禪有注
雨三昧破四禪有无导三昧破无相有照鏡三昧破那含有如虛空
三昧破空處有常三昧破識處有樂三昧破无所有我三

三昧破空處為常三昧破識處為樂三昧破无所有為我三
昧破非想非非想處有　　四以權實二疾通釋此品及下五品經文
通此品者從居士是疾何所因起已下答衆生病從四大起以其病
是故我病已來明淨名大悲權病利物方便從慰喻調伏已下外事
慰喻內觀調伏為所化實疾文為三疾謂調伏文初以空調有疾
二以无所受而受諸受已下以大悲入假以有調空疾三非真非有已下
以調未圓之行是名初空調有破見思病二以妙有遣空破塵沙无知
疾三以中道正觀遣无明住地之疾也　　通下五品經文者以問疾
品略明權實二疾垢薄之徒八千天子發菩提心其餘大士未名開
發故淨名文殊次下五品廣明二疾何者於不思議品廣論大士權
假大用名廣權疾也觀衆生品廣明空仏道品廣明假不二法門香
積品廣明中廣實疾也詞理寬廣比喻良多其所證道得果所益
多矣故知六品經文詞殊意貫言異理符並是明菩薩病行
文殊師利此云妙德新曰妙吉祥首楞伽經下卷云曾已作佛号龍
種上尊　　深往去之情者謂歎尚淨名命同往諸人深生信敬故曰

二邊皆空復次菩薩衆生迷故淨土變爲三界法身變爲天魔
外道淨名悲化、不現今文殊入室談論群生魁悟、則三界性空故
空、室表之愛見歸道故無侍表之淨名出頹示現故現疾表之
也　不來相而來歎叙云蒙鳩摩羅什法師正玄文摘幽音始悟前
譯、之傷本謬文、之乖趣並如以不來相爲辱來不見相爲相見未
緣法爲始神　合法爲心諸如法比丘、無品不有法師並正之復次
從菴園故不來而來見空、室故不見而見復次百千天人滯有故
定見五百聲聞既空故不見菩薩文中故不見而見也　復次衆生
迷生故見來迷死故見去既沒於生死去來莫能自返要因大士
應物來去方悟於無來去耳又見無相理名真、可見取六塵相非
真可見衆生昔來妄、者偽見今文殊入室必令衆生見無相之可見
妄想倒見自然、永斷更不可見也寧、可忍否者菩薩自既無疾何有可
忍不可忍既爲衆生、疾即衆生疾可忍菩薩、疾可忍衆生、疾不可忍菩薩
亦不可忍也、爲約衆生論疾、辯忍、不忍者不墮八難生值佛法名爲
可忍也　聞法受行名療有損一受不退名不增也又五逆斷善謗方等

亦不可忍也〻名約衆生論疾藥忍〻不忍者不墮八難生值佛法名藥
可忍也〻聞法受行名療有損〻受不退若不增也又五逆斷善謗方等
經不可懺除〻衆不可忍餘非耶定聚故可忍也二可一切犯戒皆隨三
惡是不可忍三皈五戒已知循善報勝故可忍復次三界輪迴皆不可
忍二乘出離是可忍也復次二乘半字滯彼化城是〻不可忍大乘滿
字方名可忍復次方便大乘未入圓妙名不可忍圓頓究竟方名可
忍
　療治有損者此亦約衆生論菩薩損不損也大士以法藥療
生有損不損應作四句料簡一根鈍應重善根力微重業所鄣從
施法藥療不可損二根鈍遮如槃特比丘誦一偈得羅漢果三根利
遮重如鴦掘魔羅煞人見佛乃悟四根利遮輕如身子目連則三
諦得道迦葉自性无欲等也此〻四種初人定不損二三人遇佛勝
緣得損不遇勝緣即不損也第四人遇不遇皆損不足增乎者此
二〻衆生病增不增菩薩不增也如世人〻病亦四種一者從得病漸增
名增〻二初重後愈名增損三初損後增名損四初輕後損名損〻約
此明菩薩度生〻有四種一者增〻如善星調達等破法壞僧之流

謗无菩薩使墮地獄及諸爲法出家後滯名利執師謗法之徒名損
增也四損々者即身子等　人是也　從癡有愛者有解癡是
耶見迷理愛是貪嗔迷事此々二惑攝一切惑生死衆病由此而生
故言從生也又云々癡是无明過去因引生今身愛見現在因引生
未來身以此癡愛相續十二因緣輪迴不絕故名從生也
此明悲之始不必就已爲言者有緣々悲亦從此發心起諸无緣之
悲與法身同體是即衆生々癡愛與法性同源无緣大悲共真如
合體衆生始背法性亦名癡愛菩薩返迷達性即名大悲故今就悲
體爲言不就菩薩發心愛稱故云也　六十二見者皆理起見
故云見言六十二者中論菩薩品頌云滅後有々無等有邊等常等
諸見依涅槃未來過去也　釋曰滅後有々無等者謂如來滅後
有以來亦有亦無如來非有無如來此四見依菩薩起神及世間
有々邊等四見依未來世起神及世間常無常等四見依過去
世起此三四十二見歷五陰起成六十見頌又云何者是一果長行
釋云何者身即是神一義也此是斷見也　何者身異於神異義也此是常於六

釋、云何者身即是神一義也此是斷見也　何者身異於神異義也此是常於六
十見上加此根本斷常二見名六十二見大品經仏母品神及世間常
是事實餘妄語乃至神及世間邊无邊皆如是執見名六十二
見問云〻何離六十二見即法仏解脫答論頌云菩〻實際及与世間
如是二際者无豪釐〻差別論又頌云諸法不可得滅一切戲論无
人〻无處仏〻无所論此即二際平等離諸戲論名諸仏解脫
衆魔外道皆吾侍者魔〻著愛惑也外道執見惑也方便教解
愛為禪定破見為智惠此定惠順真〻名為侍也今圓妙教悟愛
著即解脫〻耶見是正見既縛〻脫平等邪正无二故无侍也
慰喻等者恐新學菩畏懼生死退失大悲故安慰之若悟有為
无常苦等即不貪世間既不著世間是能廣積福惠〻既積自在
生死不能患若能不畏生死大悲〻行成矣又有罪果故生死可
畏若能一念發菩心一念隨喜大乘是衆罪自滅何畏〻有故寶
積經云一念發菩提心衆罪消滅涅槃〻常住二字不隨惡趣
法華聞經淨信常生仏前也　又恐彼憂身非已業繫故无果也

進則必作聖王果成則能普濟群品所望如此即生死之患不足畏
焉　當起法相者昔外道計身爲我不受仏化故仏權說蘊界處
等令知蘊等法中要无有我既除我見得二乘果二乘我見雖除不
了如來權說蘊界執此爲實名爲法執故仏次於大乘爲說蘊界
緣生生无自性令悟不生不滅法空觀也是即蘊處二法俱破我執
也因成相續待三假俱破法執也　空病亦空前我法二病執法
定有爲病悟法本妄即病除也今末三執空空之病乃是捨有之无
執言成病若悟言假即病自除故生云然以言遣除之此是言遣似有
言實也復次仏以假名之空遣凡人定有之有是則有既不爲空然
不空而惑者聞空不能遣有而乃捨有執空故生云空以无病病有
空耳謂即有而空此空无病捨有執空有空爲病病耳故大論云
諸仏說於空爲欲破諸有若爲得空者諸仏所不化肇師亦云捨
有而之空其猶逃峯而赴壑俱不免患也　以无所受而受諸受者
此是大士大悲入假化物即瓔珞經中第二從空假入觀也　前歎菩德
云開閉一切諸惡趣門而生五道以現其身方便品中淨名居家婬舍酒

此云大[illegible]大悲[illegible]觀也　前[illegible]
云閑閑一切諸惡趣門而生五道以現其身方便品中淨名居家婬室酒
肆及下仏道品明行非道爲仏道皆是菩薩悟无生三界六道二乘涅
槃如夢幻絶其業因故〻云无受大悲權〻迹同事受生故〻云而受三界
六道二乘菩薩所受不一故〻云諸受　貪〻著禪味是菩薩縛者注〻云上界
受生二乘取證皆由〻著禪者又解上界禪味前愛見門收此中言禪
味唯取二乘住空三昧沉空滯所以爲縛故勝鬘經云二乘持空三昧
瓶醉般若无酒斯之謂歟以方便生者注〻云爲物受生破我无縛所以
爲解者謂隨禪受生則爲繫縛以大智慧〻生无生而方便現生方
名解也　有方便慧解者此四句揀權實二智偏成即縛證圓方
解閑中以六住已下皆偏證未圓七地已上二智圓證方解之可然矣又准
仁王般若經登地已上二智即圓八地已上用而常寂即地前爲縛登地
爲解又此四章前二章就化他地行明方便後二章就自行明方便也
雖樂遠離而不依身心盡者謂二乘得滅度化火焚身名身盡滅
智論空名心盡菩薩法身无身而身同六道真心无心而智周万有故
[illegible]

前仏國品　行四无量不貪ゝ著生梵世者凡夫依根本定加　无
量爲禪王也菩知如幻故不生ゝ着也　行禪定解脫有禪是色界
四禪定是无色四空ゝ定三昧者非空无相无願也乃是有覺有觀
等三ゝ昧謂有覺有觀初禪也二无覺有觀中间禪无覺无觀
二禪已去此三ゝ昧凡夫隨禪受生非菩也若空无相等三觀四諦理
非受生法故不同也　不思議品　我爲法来非爲床ゝ座者身子
荅意云我從菴園本爲法来非爲床座而於此中忽然念座非
本心也　非有色受想行識ゝ求者此一段文淨名示以法
性无生故无法可求也復次文殊奉命五百八千爲法隨從然忻
法情既懇係着之心久固既情懇執固所以前品雖略明三觀但得天
子發心而未能深悟无生法忍今將因念座欲顯不思議ゝ大用故
先遣滯法ゝ心妄彼求取ゝ意諸来隨從自然息機會趣遺
封宣滯近即得法眼淨速能入不二法門也陰界處等名數庶
如林菀明也　无見苦求去四諦有二種小乘以見苦斷集證滅
脩道爲四此苦實苦爲諦乃至滅道然大乘了苦无生名苦真

[illegible]

循道為四此苦實苦為諦乃至滅道然然大乘了苦无生名苦真
諦乃至集滅亦然此之四諦即一真諦此乃名四而體一不同前小乘
名四而體四也故思益云知苦无生名苦 諦知集无和合名集聖
諦以不二相觀名道 諦法本不然今則无滅名滅 諦此大乘
无生四諦也又遺教經云仏說苦諦真實是苦不可令異集真
是因等此是小乘四諦也 又大涅槃經云凡夫有苦无諦（生樂想故）
二乘有苦有諦（覺陰苦故） 菩薩解苦无苦而有真諦（覺陰无生故） 故迦旃延章
云五陰洞達空无所起是苦義（此之覺苦无生名苦義也） 下文又云依於諸法寂
相之義明宣无常苦空非我（此之乃苦不生名實相） 上來所引為苦等无
生者即无見苦求乃至无斷集求等 若言我當見苦斷集
證滅循道者此既不了无生是乘實相非真言論名戲論也由旬者
或云踰闍那或由延俞旬踰繕那此云計合應尔謂計度量合尔同此方
驛也古 王一日行也俱舍十六里餘經論或卅六十八十无定數也見應
法師經音 此座高廣吾不能昇去如來昔日廣說說小乘生滅

[illegible]

以來隨宜所說實謂如來同坐此解脫床故法華云仏說一解脫
義我等亦同得此法二乘既謂仏同坐豈能進求今將欲奪小乘
解脫使知非真床座令證不思議解脫之真座然理不可頓悟必有
漸故假燈王之床座因遣權而會實也故法華云汝等但離虛妄
名爲解脫其實未得一切解脫問解脫何故喻床答解脫心息
故如床也

有神通非不思議者二乘神通增小減大既未證大
小之本一謂物有大小之定相故作通運用增減於大小耳既有作
增減故見大小之異形故名思議也菩薩窮中道權實圓妙理窮
大小之形智冥妙體之用如明鏡无心而美惡自辯真通不運而脩
短自移此法身本有之神通豈二乘定運力有心之神通哉問
二乘有心之通与菩薩之通何別答懸殊二乘於有爲報得身心
上假定力以現名通心運即有心之无菩薩達法性體用超圓法性體常
用爲生滅法性本有用豈循成後以寂而常用用而常寂理无異躰
之用亦无離用之躰既其即體即用豈有心於運用哉此菩薩法性
之通豈二乘定力之通　我等可爲依色其根皆有引道宜

之用亦无離用之躰即其即體即用豈有心於運用哉此菩薩法性
之道豈二乘定力之通　我等何為永絶其根者昔詶隨宜
所説謂實與仏同坐解脱床今聞别有解脱名不可思議量已外用
之不如〃〃審内證之非實又惟大士之行數越三祇我今斷結生涯甚
近既无進脩之分故致永絶之哀又審已證不與佛同已名轉酪成
生蘇敎 花嚴初二乘未益名蘇乳阿含轉凡成聖如轉乳為酪昔謂三乘同證果 九解脱今乃不同悔其取小名生蘇若至般若為仏令聲聞為菩薩轉教既
教許傳人未蒙會記教不會人為熟蘇若 至法華菩薩教昔已轉人今授記即醍醐教也 又以聲聞執仏同解脱果理
不進求故此經偏折解脱不同遂懷絶分之歎若至法華
菩薩聞一毫之善理至仏果一地所生一雨所潤一切衆生皆有仏性
凡有心者咸皆作仏即自悔昔心忻其同悟仏子所應得者我之得
之何哀歎之有且理妙根微敎不可頓故今一音之敎有不同之
解而諸師未能深取經音而詶絶分之言便云定性二乘永无
仏性此蓋未深喻至人權實之説　凡夫下劣不能如是遍
迫菩薩者凡夫者凡夫人也下劣者二乘及地前菩薩名下劣位人也
故无垢稱經云凡夫劣位非其所堪也　觀衆生品
此緣生无

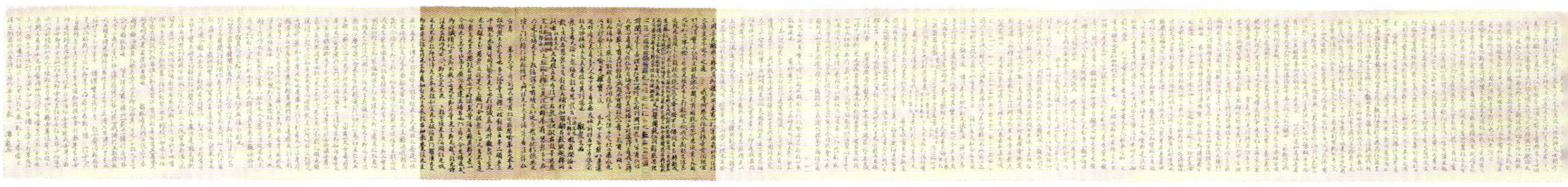

[illegible]
此也（此憂生无自性釋也）大品經々云无为法可名衆生但假名故号爲衆
生（此解空无自性釋也）此上經論三々釋々言異理同雖舉有爲衆生之名
乃是返悟无生之教諸譯言有情者所々定爲衆生於於揀異无
情々门以精於致教悟理之門非无小失幸請達者深詳仏
盲焉　苐五大等者前四大處有故不取爲喻苐五大本无
故喻衆生本无生也　弟六陰等准釋亦然　鎼經云苐二頭弟三
手龜毛兎角皆同此喻本无生也行寂滅慈者菩薩觀衆生空入
无生觀已云爲衆生說是无生觀門令彼衆生得无生忍々是
与衆生无生忍樂故名慈也下寂滅慈等諸名雖異々解只是一
令悟无生忍々是此忍上々屬依義建立諸名也所々者只令生悟无生々
即寂滅煩惱不生即不熱三世无生即名等无生即无々起々故无諍
法无生故内外不合々即不二无生无々故不壞无生信固故无毀
无生不染故即性淨无生本无故如空无生破結名阿羅漢无生
即登安人故名菩薩无生即真如々无去来故名如来覺法无生

[illegible]
即並安人故名菩薩无生即真如如无去来故名如来覺法无生
名仏慈无生理常非因緣生故自然无生无是非故菩提一味
无生絶待故无比无大乘救大苦故名大悲无生離彼我故无
猒忻令悟无生即万行並施名无惜无生毀禁罪滅悟无生故忘彼
我无生能忘懈怠惑故名精進无生即定味不生无生即二智並
明故知時无生即能應物現生故示現无生即二邊見破故直心
无隱无生即深入一相故不離无生真觀故不假无生即究竟涅
槃故仏樂可謂一念无生万行並備一行一切行一慈一切慈故大品
云般若雖空一心具足万行即其事也　室有一天女者前淨
名方丈一室多座此室仍以空諸仏國土之復皆空即知淨名方丈
非寬非狹應物度生不寬狹尔令天女法身菩薩非女而現女身以
表淨名非男現男也故下文云天女得无生忍以本願故隨意能
現復次衆生空如来五大等而諸聽衆未知何以故空故因天
女現身廣不女身无相也是華无所分別者天女法身菩薩
[illegible]

隨身爲持和也〻一切分想別者五陰性空不見〻者之爲犯
離之爲持也和和脫不定惠〻一然小乘入定爲定出定爲乱大
乘定亂一相〻〻一无分別也又小乘入觀緣真名惠出觀緣俗非
惠大乘觀真俗不二即心无生名惠故无異緣分別也
結習未盡者聲聞餘惑對小乘教言正使已斷但餘習氣爲
對大乘聲聞所餘煩惱直是結使非習氣也何以知之故法華
經云但出火宅露地而坐未登寶乘去道尚遠皆三界本皆妄
謂爲樂今離虛妄名爲解脫若菩薩心　行十住乃至妙覺方
云白牛寶乘始名一切解脫故知聲聞已斷之惑但是離妄非斷
正結若得菩薩一切解脫方始斷正使仁王經云從習忍至頂三昧
皆名爲伏一切煩惱唯佛頓解不名爲信漸〻伏者准此十地灌
頂尚云是伏二乘斷惑豈正使所餘習氣乎時將以如來方便
抑遠近故說所斷爲使未斷者習理實所斷虛妄其惑甚微未
斷无明其累至厚故名結也　解脫者无所言說者小乘

斷无明其果益厚故名結也　　解脫者无所言說者小乘
解脫離俗證真故證者亡言大乘即俗而真言无言故文字言
說皆解脫相也　增上慢者有七慢此一數也一慢於劣計勝
或等二過於等計勝三慢過慢於勝計勝四我慢於五取陰執
我五增上慢无漏勝法名增上未得爲得爲慢六卑慢於多分殊
勝計已少分下劣七　慢謂實无德計有　故今聲聞解脫非
是諸佛解脫計已同佛即是未得爲得名爲增上慢　一切女人之
當能轉者大士法身非男女應物故現女舍利報身亦非女
神通所轉乃作女衆生法性本非女煩惱妄業變成女身子若
了自女即非女之知一切女人即女无生故非女故云非女而現女
也以此妙悟說以示人令悟即女非女此乃轉女爲法身不同二
乘轉女爲男也　已得當得如恒河沙者當已二世不言今世
者何一釋云小乘唯知一娑婆不知有十方佛土當得相果成佛
可言恒沙今唯一佛恒沙之文不便故不舉一解云文舉當已
現亦例有但成有得之難仍要三世之數　佛道品

BD00412 大般若波羅蜜多經卷六

（唐）玄奘 譯

BD00412v 勘記

665.5cm × 25.9cm

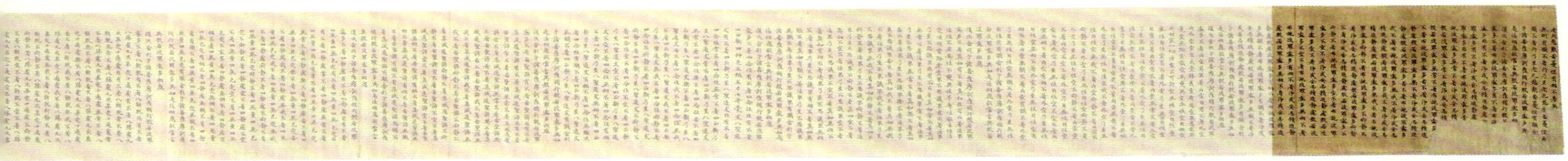

老死愁歎苦憂惱有相不著無
無明有願不著行乃至老死愁歎苦憂惱無
願不著行乃至老死愁歎苦憂惱有願舍
子諸菩薩摩訶薩脩行般若波羅蜜多與
是法相應故當言與般若波羅蜜多相
復次舍利子諸菩薩摩訶薩脩行般若
蜜多不著布施波羅蜜多有不著布施
蜜多非有不著淨戒安忍精進靜慮
羅蜜多有不著淨戒安忍精進靜慮
羅蜜多非有不著布施波羅蜜多常
施波羅蜜多無常不著淨戒安忍精
般若波羅蜜多常不著淨戒安忍精
般若波羅蜜多無常不著布施波羅蜜多

靜慮般若波羅蜜多苦不著布施波羅蜜多
我不著布施波羅蜜多無我不著淨戒安忍
精進靜慮般若波羅蜜多我不著淨戒安忍
精進靜慮般若波羅蜜多無我不著布施波
羅蜜多寂靜不著布施波羅蜜多不寂靜不
著淨戒安忍精進靜慮般若波羅蜜多寂靜
不著淨戒安忍精進靜慮般若波羅蜜多不
寂靜不著布施波羅蜜多空不著布施波羅
蜜多不空不著淨戒安忍精進靜慮般若波
羅蜜多空不著淨戒安忍精進靜慮般若波
羅蜜多不空不著布施波羅蜜多無相不著
布施波羅蜜多有相不著淨戒安忍精進靜
慮般若波羅蜜多無相不著淨戒安忍精進

慮般若波羅蜜多無相不著淨戒安忍精進
靜慮般若波羅蜜多有相不著布施波羅蜜
多無願不著布施波羅蜜多有願不著淨戒
安忍精進靜慮般若波羅蜜多無願不著淨
戒安忍精進靜慮般若波羅蜜多有願舍利
子諸菩薩摩訶薩脩行般若波羅蜜多與如
是法相應故當言與般若波羅蜜多相應
復次舍利子諸菩薩摩訶薩脩行般若波羅
蜜多不著內空有不著內空非有不著外空
內外空空空大空勝義空有為空無為空畢
竟空無際空散空無變異空本性空自相空
共相空一切法空不可得空無性空自性空
無性自性空有不著外空乃至無性自性空
非有不著內空常不著內空無常不著外空
乃至無性自性空常不著外空乃至無性自

空乃至無性自性空樂不著外空乃至無性
自性空若不著內空我不著內空無我不著
外空乃至無性自性空我不著外空乃至無
性自性空無我不著內空寂靜不著內空不
寂靜不著外空乃至無性自性空寂靜不著
外空乃至無性自性空不寂靜不著內空空
不著內空不空不著外空乃至無性自性空
空不著外空乃至無性自性空不空不著內
空無相不著內空有相不著外空乃至無性
自性空無相不著外空乃至無性自性空有
相不著內空無願不著內空有願不著外空
乃至無性自性空無願不著外空乃至無性
自性空有願舍利子諸菩薩摩訶薩脩行般

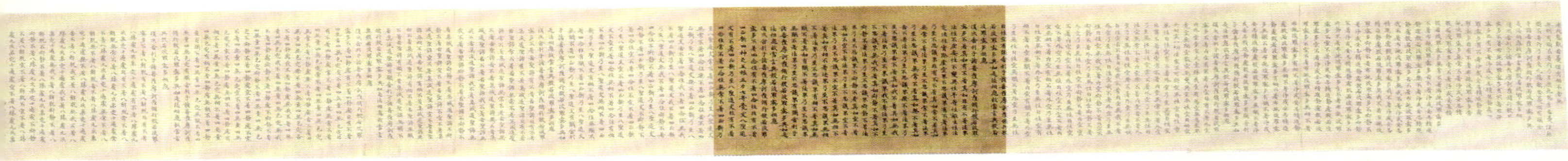

自性空有願舍利子諸菩薩摩訶薩脩行般
若波羅蜜多與如是法相應故當言與般若
波羅蜜多相應
復次舍利子諸菩薩摩訶薩脩行般若波羅
蜜多不著真如有不著真如非有不著法界
法性不虛妄性不變異性平等性離生性法
定法住實際虛空界不思議界有不著法界
乃至不思議界非有不著真如常不著真如
無常不著法界乃至不思議界常不著法界
乃至不思議界無常不著真如樂不著真如
苦不著法界乃至不思議界樂不著法界乃
至不思議界苦不著真如我不著真如無我
不著法界乃至不果議界我不著法界乃至
不思議界無我不著真如寂靜不著真如不
寂靜不著法界乃至不思議界寂靜不著法

真如不空不着法界乃至不思議界空不着
法界乃至不思議界不空不着真如無相不
着真如有相不着法界乃至不思議界無相
不着法界乃至不思議界有相不着真如無
願不着真如有願不着法界乃至不思議界
無願不着法界乃至不思議界有願舍利子
諸菩薩摩訶薩脩行般若波羅蜜多與如是
法相應故當言與般若波羅蜜多相應
復次舍利子諸菩薩摩訶薩脩行般若波羅
蜜多不着四念住有不着四念住非有不着
四正斷四神足五根五力七等覺支八聖道
支有不着四正斷乃至八聖道支非有不着
四念住常不着四念住無常不着四正斷乃

支有不著四正斷乃至八聖道支非有不著
四念住常不著四念住無常不著四正斷乃
至八聖道支常不著四正斷乃至八聖道支
無常不著四念住樂不著四念住苦不著四
正斷乃至八聖道支樂不著四正斷乃至八
聖道支苦不著四念住我不著四念住無我
不著四正斷乃至八聖道支我不著四正斷
乃至八聖道支無我不著四念住寂靜不著
四念住不寂靜不著四正斷乃至八聖道支
寂靜不著四正斷乃至八聖道支不寂靜不
著四念住空不著四念住不空不著四正斷
乃至八聖道支空不著四正斷乃至八聖道
支不空不著四念住無相不著四念住有相
不著四正斷乃至八聖道支無相不著四正
斷乃至八聖道支有相不著四念住無願不

無願不著四正斷乃至八聖道支有願舍利
子諸菩薩摩訶薩脩行般若波羅蜜多與如
是法相應故當言與般若波羅蜜多相應
復次舍利子諸菩薩摩訶薩脩行般若波羅
蜜多不著苦聖諦有不著苦聖諦非有不著
集滅道聖諦有不著集滅道聖諦非有不著
苦聖諦常不著苦聖諦無常不著集滅道聖
諦常不著集滅道聖諦無常不著苦聖諦樂
不著苦聖諦苦不著集滅道聖諦樂不著集
滅道聖諦苦不著苦聖諦我不著苦聖諦無
我不著集滅道聖諦我不著集滅道聖諦無
我不著苦聖諦寂靜不著苦聖諦不寂靜不
著集滅道聖諦寂靜不著集滅道聖諦不寂

著集滅道聖諦寂靜不著集滅道聖諦不寂
靜不著苦聖諦空不著苦聖諦不空不著集
滅道聖諦空不著集滅道聖諦空不著苦聖
諦無相不著苦聖諦有相不著集滅道聖諦無
相不著集滅道聖諦有相不著苦聖諦無願
不著苦聖諦有願不著集滅道聖諦無願不
著集滅道聖諦有願舍利子諸菩薩摩訶薩
脩行般若波羅蜜多與如是法相應故當言
與般若波羅蜜多相應
復次舍利子諸菩薩摩訶薩脩行般若波羅
蜜多不著四靜慮有不著四靜慮非有不著
四無量四無色定有不著四無量四無色定非
有不著四靜慮常不著四靜慮無常不著
四無量四無色定常不著四無量四無色定

無量四無色定樂不著四無量四無色定苦
不著四靜慮我不著四靜慮無我不著四無
量四無色定我不著四無量四無色定無我
不著四靜慮寂靜不著四靜慮不寂靜不著
四無量四無色定寂靜不著四無量四無色
定不寂靜不著四靜慮空不著四靜慮不空
不著四無量四無色定空不著四無量四無
色定不空不著四靜慮無相不著四靜慮有
相不著四無量四無色定無相不著四無量
四無色定有相不著四靜慮無願不著四靜
慮有願不著四無量四無色定無願不著四
無量四無色定有願舍利子諸菩薩摩訶薩
脩行般若波羅蜜多與如是法相應故當言

脩行般若波羅蜜多與如是法相應故當言
與般若波羅蜜多相應
復次舍利子諸菩薩摩訶薩脩行般若波羅
蜜多不著八解脫有不著八解脫非有不著
八勝處九次第定十遍處有不著八勝處九
次第定十遍處非有不著八解脫常不著八
解脫無常不著八勝處九次第定十遍處常
不著八勝處九次第定十遍處無常不著八
解脫樂不著八解脫苦不著八勝處九次第
定十遍處樂不著八勝處九次第定十遍處
苦不著八解脫我不著八解脫無我不著八
勝處九次第定十遍處我不著八勝處九次
第定十遍處無我不著八解脫寂靜不著八
解脫不寂靜不著八勝處九次第定十遍處

不著八解脫空不著八解脫不空不著八勝
處九次第定十遍處空不著八勝處九次第
定十遍處不空不著八解脫無相不著八解
脫有相不著八勝處九次第定十遍處無相
不著八勝處九次第定十遍處有相不著八
解脫無願不著八解脫有願不著八勝處九
次第定十遍處無願不著八勝處九次第定
十遍處有願舍利子諸菩薩摩訶薩脩行般
若波羅蜜多與如是法相應故當言與般若
波羅蜜多相應
復次舍利子諸菩薩摩訶薩脩行般若波羅
蜜多不著空解脫門有不著空解脫門非有
不著無相無願解脫門有不著無相無願解
脫門非有不著空解脫門空不著空解脫門

脫門非有不著空解脫門常不著空解脫門
無常不著無相無願解脫門常不著無相無
願解脫門無常不著空解脫門樂不著空解
脫門苦不著無相無願解脫門樂不著無相
無願解脫門苦不著空解脫門我不著空解
脫門無我不著無相無願解脫門我不著無
相無願解脫門無我不著空解脫門寂靜不
著空解脫門不寂靜不著無相無願解脫門
寂靜不著無相無願解脫門不寂靜不著空
解脫門空不著空解脫門不空不著無相無
願解脫門空不著無相無願解脫門不空不
著空解脫門無相不著空解脫門有相不著
無相無願解脫門無相不著無相無願解脫

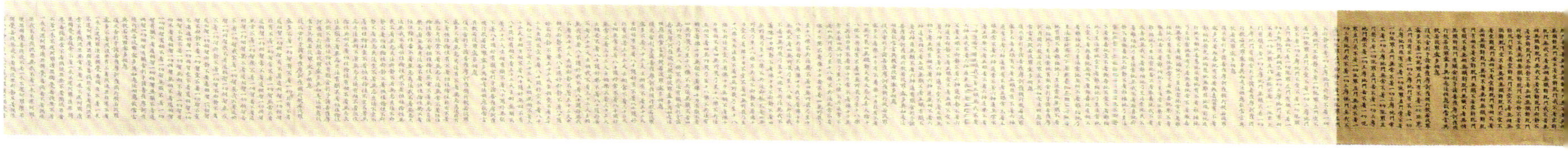

有願不著無相無願解脫門無願不著無相
無願解脫門有願舍利子諸菩薩摩訶薩脩
行般若波羅蜜多與如是法相應故當言與
般若波羅蜜多相應
復次舍利子諸菩薩摩訶薩脩行般若波羅
蜜多不著一切陁羅尼門有不著一切陁羅
尼門非有不著一切三摩地門有不著一切
三摩地門非有不著一切陁羅尼門常不著
一切陁羅尼門無常不著一切三摩地門常
不著一切三摩地門無常不著一切陁羅尼
門樂不著一切陁羅尼門苦不著一切三摩
地門樂不著一切三摩地門苦不著一切陁
羅尼門我不著一切陁羅尼門無我不著一
切三摩地門我不著一切三摩地門無我不
著一切陁羅尼門淨不著一切陁羅尼門

切三摩地門我不著一切三摩地門無我不
著一切陀羅尼門寂靜不著一切陀羅尼門
不寂靜不著一切三摩地門寂靜不著一切
三摩地門不寂靜不著一切陀羅尼門空不
著一切陀羅尼門不空不著一切三摩地門
空不著一切三摩地門不空不著一切陀羅
尼門無相不著一切陀羅尼門有相不著一
切三摩地門無相不著一切三摩地門有相
不著一切陀羅尼門無願不著一切陀羅尼
門有願不著一切三摩地門無願不著一切
三摩地門有願舍利子諸菩薩摩訶薩脩
行般若波羅蜜多與如是法相應故當言與
般若波羅蜜多相應
復次舍利子諸菩薩摩訶薩脩行般若波羅

蜜多不著極喜地有不著極喜地非有不著
離垢地發光地焰慧地極難勝地現前地遠
行地不動地善慧地法雲地有不著離垢地
乃至法雲地非有不著極喜地常不著極喜
地無常不著離垢地乃至法雲地常不著離
垢地乃至法雲地無常不著極喜地樂不著
極喜地苦不著離垢地乃至法雲地樂不著
離垢地乃至法雲地苦不著極喜地我不著
極喜地無我不著離垢地乃至法雲地我不
著離垢地乃至法雲地無我不著極喜地寂
靜不著極喜地不寂靜不著離垢地乃至法
雲地寂靜不著離垢地乃至法雲地不寂靜
不著極喜地空不著極喜地不空不著離垢
地乃至法雲地空不著離垢地乃至法雲地
不空不著極喜地無相不著極喜地有相不

不空不著極喜地無相不著極喜地有相不
著離垢地乃至法雲地無相不著離垢地乃
至法雲地有相不著極喜地無願不著極喜
地有願不著離垢地乃至法雲地無願不著
離垢地乃至法雲地有願舍利子諸菩薩摩
訶薩脩行般若波羅蜜多與如是法相應故
當言與般若波羅蜜多相應
復次舍利子諸菩薩摩訶薩脩行般若波羅
蜜多不著五眼有不著五眼非有不著六神
通有不著六神通非有不著五眼常不著五
眼無常不著六神通常不著六神通無常不
著五眼樂不著五眼苦不著六神通樂不著
六神通苦不著五眼我不著五眼無我不著
六神通我不著六神通無我不著五眼淨

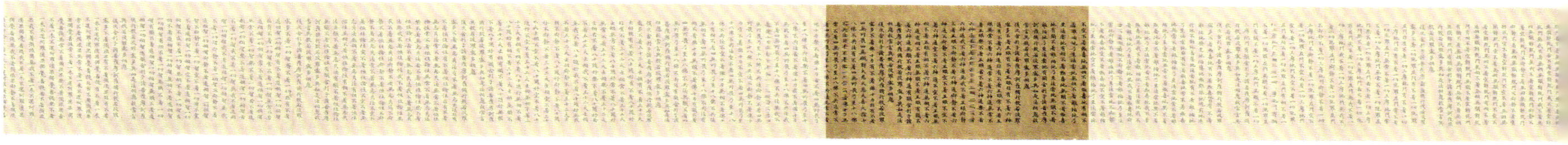

神通不寂靜不著五眼空不著五眼不空不
著六神通空不著六神通不空不著五眼無
相不著五眼有相不著六神通無相不著六
神通有相不著五眼無願不著五眼有願不
著六神通無願不著六神通有願舍利子諸
菩薩摩訶薩脩行般若波羅蜜多與如是法
相應故當言與般若波羅蜜多相應
復次舍利子諸菩薩摩訶薩脩行般若波羅
蜜多不著佛十力有不著佛十力非有不著
四無所畏四無礙解大慈大悲大喜大捨十
八佛不共法有不著四無所畏乃至十八佛
不共法非有不著佛十力常不著佛十力無
常不著四無所畏乃至十八佛不共法常不
著四無所畏乃至十八佛不共法無常不著

著四無所畏乃至十八佛不共法無常不著
佛十力樂不著佛十力苦不著四無所畏乃
至十八佛不共法樂不著四無所畏乃至十
八佛不共法苦不著佛十力我不著佛十力
無我不著四無所畏乃至十八佛不共法我
不著四無所畏乃至十八佛不共法無我不
著佛十力寂靜不著佛十力不寂靜不著四
無所畏乃至十八佛不共法寂靜不著四無
所畏乃至十八佛不共法不寂靜不著佛十
力空不著佛十力不空不著四無所畏乃至
十八佛不共法空不著四無所畏乃至十八
佛不共法不空不著佛十力無相不著佛十
力有相不著四無所畏乃至十八佛不共法
無相不著四無所畏乃至十八佛不共法有相

相不著佛十力無願不著佛十力有願不著
四無所畏乃至十八佛不共法無願不著四
無所畏乃至十八佛不共法有願舍利子諸
菩薩摩訶薩脩行般若波羅蜜多與如是法
相應故當言與般若波羅蜜多相應
復次舍利子諸菩薩摩訶薩脩行般若波羅
蜜多不著三十二大士相有不著三十二大
士相非有不著八十隨好有不著八十隨好
非有不著三十二大士相常不著三十二大
士相無常不著八十隨好常不著八十隨好
無常不著三十二大士相樂不著三十二大
士相苦不著八十隨好樂不著八十隨好苦
不著三十二大士相我不著三十二大士相
無我不著八十隨好我不著八十隨好無我

無我不著八十隨好無我不著八十隨好無我
不著三十二大士相寂靜不著三十二大士
相不寂靜不著八十隨好寂靜不著八十隨
好不寂靜不著三十二大士相空不著三十
二大士相不空不著八十隨好空不著八十
隨好不空不著三十二大士相無相不著三
十二大士相有相不著八十隨好無相不著
八十隨好有相不著三十二大士相無願不
著三十二大士相有願不著八十隨好無願
不著八十隨好有願舍利子諸菩薩摩訶薩
脩行般若波羅蜜多與如是法相應故當言
與般若波羅蜜多相應
復次舍利子諸菩薩摩訶薩脩行般若波羅
蜜多不著無忘失法有不著無忘失法非有

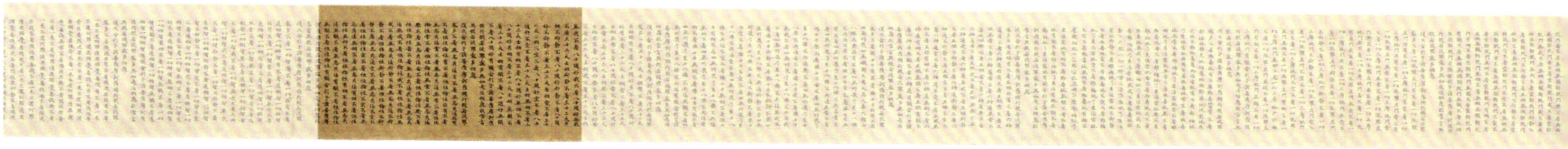

不著恒住捨性有不著恒住捨性非有不著
無忘失法常不著無忘失法無常不著恒住
捨性常不著恒住捨性無常不著無忘失法
樂不著無忘失法苦不著恒住捨性樂不著
恒住捨性苦不著無忘失法我不著無忘失
法無我不著恒住捨性我不著恒住捨性無
我不著無忘失法寂靜不著無忘失法不寂
靜不著恒住捨性寂靜不著恒住捨性不寂
靜不著無忘失法空不著無忘失法不空不
著恒住捨性空不著恒住捨性不空不著無
忘失法無相不著無忘失法有相不著恒住
捨性無相不著恒住捨性有相不著無忘失
法無願不著無忘失法有願不著恒住捨性
無願不著恒住捨性有願舍利子諸菩薩摩
訶薩脩行般若波羅[illegible]

無願不著恒住捨性有願舍利子諸菩薩摩
訶薩脩行般若波羅蜜多與如是法相應故
當言與般若波羅蜜多相應
復次舍利子諸菩薩摩訶薩脩行般若波羅
蜜多不著一切智有不著一切智非有不著
道相智一切相智有不著道相智一切相智
非有不著一切智常不著一切智無常不著
道相智一切相智常不著道相智一切相智
無常不著一切智樂不著一切智苦不著道
相智一切相智樂不著道相智一切相智苦
不著一切智我不著一切智無我不著道相
智一切相智我不著道相智一切相智無我
不著一切智寂靜不著一切智不寂靜不著
道相智一切相智寂靜不著道相智一切相智

智不空不著一切智空不著一切智不空
不著道相智一切相智空不著道相智一切
相智不空不著一切智無相不著一切智有
相不著道相智一切相智無相不著道相智
一切相智有相不著一切智無願不著一切
智有願不著道相智一切相智無願不著道
相智一切相智有願舍利子諸菩薩摩訶薩
脩行般若波羅蜜多與如是法相應故當言
與般若波羅蜜多相應
復次舍利子諸菩薩摩訶薩脩行般若波羅
蜜多不著預流果有不著預流果非有不著
一来不還阿羅漢果獨覺菩提有不著一来
不還阿羅漢果獨覺菩提非有不著預流果
常不著預流果無常不著一来不還阿羅漢
果獨覺菩提常不著一来不還阿羅漢果獨

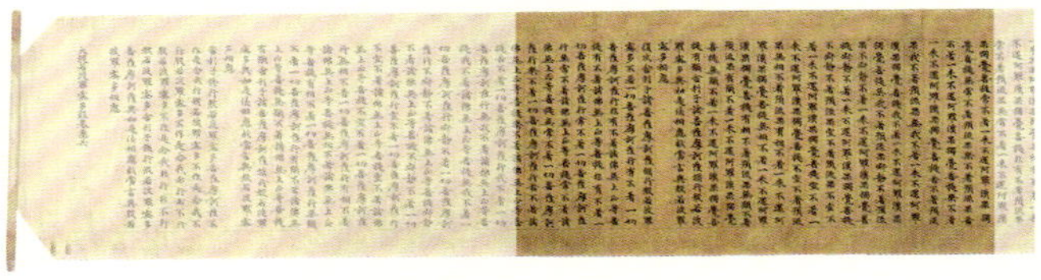

果獨覺菩提常不著一來不還阿羅漢果獨
覺菩提無常不著預流果樂不著預流果苦
不著一來不還阿羅漢果獨覺菩提樂不著
一來不還阿羅漢果獨覺菩提苦不著預流
果我不著預流果無我不著一來不還阿羅
漢果獨覺菩提我不著一來不還阿羅漢果
獨覺菩提無我不著預流果寂靜不著預流
果不寂靜不著一來不還阿羅漢果獨覺菩
提寂靜不著一來不還阿羅漢果獨覺菩提
不寂靜不著預流果空不著預流果不空不
著一來不還阿羅漢果獨覺菩提空不著一
來不還阿羅漢果獨覺菩提不空不著預流
果無相不著預流果有相不著一來不還阿
羅漢果獨覺菩提無相不著一來不還阿羅

漢果獨覺菩提有相不著預流果無願不著
預流果有願不著一來不還阿羅漢果獨覺
菩提無願不著一來不還阿羅漢果獨覺菩
提有願舍利子諸菩薩摩訶薩脩行般若波
羅蜜多與如是法相應故當言與般若波羅
蜜多相應
復次舍利子諸菩薩摩訶薩脩行般若波羅
蜜多不著一切菩薩摩訶薩行有不著一切
菩薩摩訶薩行非有不著諸佛無上正等菩
提有不著諸佛無上正等菩提非有不著一
切菩薩摩訶薩行常不著一切菩薩摩訶薩
行無常不著諸佛無上正等菩提常不著諸
佛無上正等菩提無常不著一切菩薩摩訶
薩行樂不著一切菩薩摩訶薩行苦不著諸
佛無上正等菩提樂不著諸佛無上正等菩

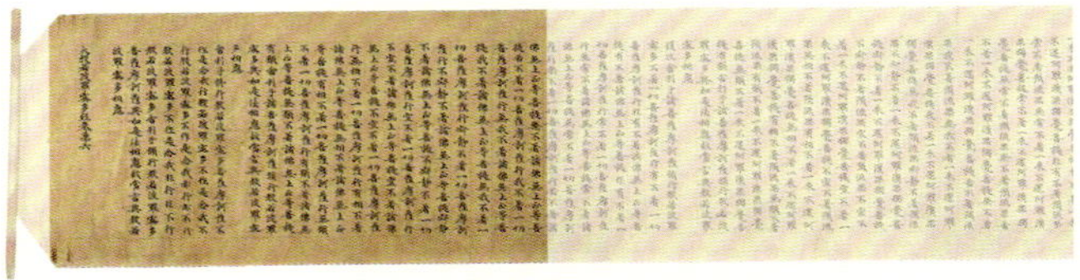

佛無上正等菩提樂不著諸佛無上正等菩
提苦不著一切菩薩摩訶薩行我不著一切
菩薩摩訶薩行無我不著諸佛無上正等菩
提我不著諸佛無上正等菩提無我不著一
切菩薩摩訶薩行寂靜不著一切菩薩摩訶
薩行不寂靜不著諸佛無上正等菩提寂靜
不著諸佛無上正等菩提不寂靜不著一切
菩薩摩訶薩行空不著一切菩薩摩訶薩行
不空不著諸佛無上正等菩提空不著諸佛
無上正等菩提不空不著一切菩薩摩訶薩
行無相不著一切菩薩摩訶薩行有相不著
諸佛無上正等菩提無相不著諸佛無上正
等菩提有相不著一切菩薩摩訶薩行無願
不著一切菩薩摩訶薩行有願不著諸佛無

上正等菩提無顛不著證作無上正等菩提
有顛舍利子諸菩薩摩訶薩脩行般若波羅
蜜多與如是法相應故當言與般若波羅蜜
多相應
舍利子脩行般若波羅蜜多菩薩摩訶薩不
作是念我行般若波羅蜜多不作是念我不
行般若波羅蜜多不作是念我亦行亦不行
般若波羅蜜多不作是念我非行非不行
般若波羅蜜多舍利子脩行般若波羅蜜多
菩薩摩訶薩與如是法相應故當言與般若
波羅蜜多相應

大般若波羅蜜多經卷苐六

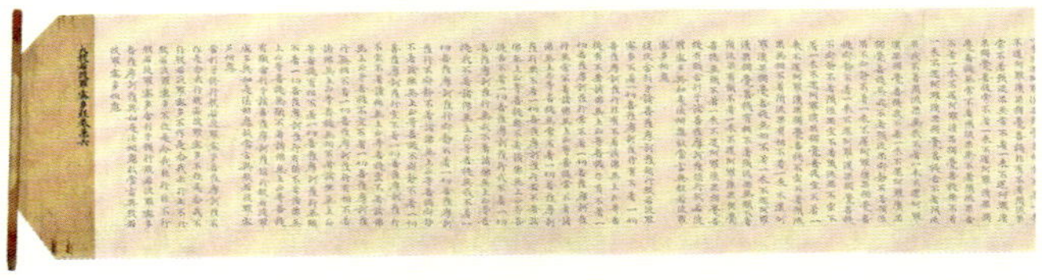

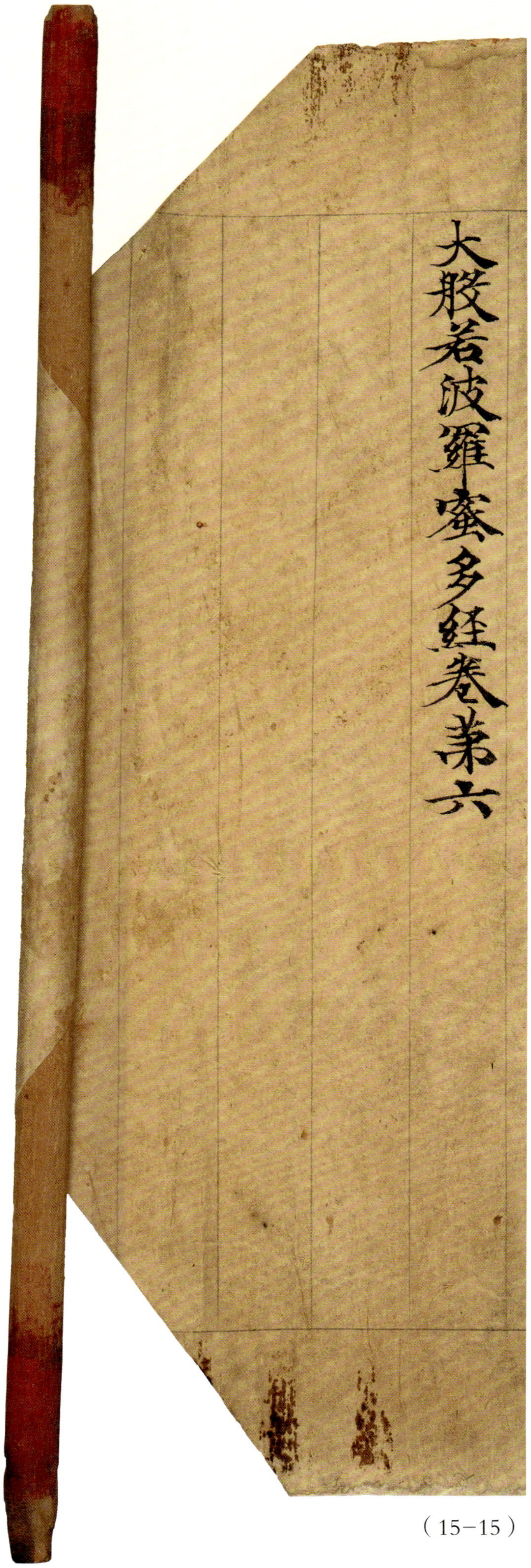
大般若波羅蜜多經卷苐六

BD00412v　勘記

圖書在版編目（CIP）數據

中國國家圖書館藏敦煌文獻．第二九册／中國國家圖書館編．—北京：國家圖書館出版社，2023.12

ISBN 978-7-5013-7904-0

Ⅰ．①中… Ⅱ．①中… Ⅲ．①敦煌學－文獻 Ⅳ．①K870.6

中國國家版本館 CIP 數據核字（2023）第 217355 號

書　　名　中國國家圖書館藏敦煌文獻・第二九册

著　　者　中國國家圖書館　編

項目統籌　魏　崇　殷夢霞

責任編輯　黄　鑫　程魯潔　潘　竹　苗文葉

責任校對　劉　倩　王　衡

出版發行　國家圖書館出版社（北京市西城區文津街 7 號　100034）

（原書目文獻出版社　北京圖書館出版社）

010-66114536　63802249　nlcpress@nlc.cn（郵購）

網　　址　http://www. nlcpress. com

排版印裝　天津裕同印刷有限公司

版次印次　2023 年 12 月第 1 版　2023 年 12 月第 1 次印刷

開　　本　787 × 1092　1/8

印　　張　38

書　　號　ISBN　978-7-5013-7904-0

定　　價　2800.00 圓